AF421826

FUNDACIÓN ESTUDIOS DE DERECHO ADMINISTRATIVO

(FUNEDA)

RÉGIMEN JURÍDICO DE LAS PRUEBAS EN EL PROCEDIMIENTO ADMINISTRATIVO TRIBUTARIO

Alberto Blanco-Uribe Quintero

Caracas, 2014

FUNDACIÓN ESTUDIOS DE DERECHO ADMINISTRATIVO (FUNEDA)

ISBN: 978-980-410-027-1

Diseño Gráfico: Lic. Fredy N. Calle (0416) 376 83 99

Primera edición para FUNEDA, por Lito-Formas - enero de 2014
San Cristóbal - Táchira - Venezuela

Reimpresión: 2021, por Lightning Source, an INGRAM Content company
para: Editorial Jurídica Venezolana International Inc.
Panamá, República de Panamá
Email: ejvinternational@gmail.com

---

[1] Esta obra es la actualización de una ponencia que fuera presentada por el autor, con ocasión del Seminario sobre **"Los Poderes de la Administración Tributaria y los Derechos de los Contribuyentes"**, organizado por la Fundación Estudios de Derecho Administrativo (FUNEDA), en Caracas, el 11 de abril de 1997, cuyo texto fue publicado por Ediciones FUNEDA, Caracas, 1997, con el título "Las Pruebas en el Procedimiento Administrativo Tributario".

[2] Abogado, egresado Magna Cum Laude, de la Universidad Central de Venezuela (UCV), en 1983. Especialista en Derecho Administrativo de la UCV, en 1987. DESS en Derecho Ambiental, en 1988, y DEA en Derecho Público, en 1989, de la Universidad Robert Schuman, Estrasburgo, Francia. Especialista en Justicia Constitucional, en 2006, y en Derechos Humanos y Garantías Constitucionales, en 2007 y en 2008, de la Universidad de Castilla-La Mancha, Toledo, España. Profesor Agregado de Derecho Constitucional (pregrado) y de Contencioso Tributario (postgrado) de la UCV. Profesor invitado en varias universidades dentro y fuera del país. Diversos trabajos publicados en materia procesal tributaria, administrativa, ambiental y constitucional, nacional e internacionalmente, y también ha sido invitado como conferencista en eventos de interés jurídico. Miembro de la Asociación Venezolana de Derecho Tributario (AVDT), excoordinador de su comité procesal tributario. Miembro del Instituto Iberoamericano de Derecho Procesal. Asesor, consultor y litigante en su práctica privada, en Alianza Profesional con la Firma Abogados Klemprer, Rivas, Pérez & Asociados. abu@akrpt.com y albertoblancouribe@gmail.com

TABLA DE CONTENIDO

I.

Introducción

Desde hace ya un prolongado período de tiempo, muchos gentiles colegas me han pedido al menos la reimpresión de aquella ponencia del año 1997, presentada por mí en el Seminario "Los Poderes de la Administración Tributaria y los Derechos de los Contribuyentes", organizado por la Fundación Estudios de Derecho Administrativo (FUNEDA), en Caracas, el 11 de abril de 1997, cuyo texto fue publicado por Ediciones FUNEDA, Caracas, 1997, con el título "Las Pruebas en el Procedimiento Administrativo Tributario".

Sin duda me sentí halagado por esas peticiones, como satisfecho de haber podido contribuir con una herramienta de estudio dentro de esta importante temática. Empero, deseando no conformarme con una mera reimpresión, sino de asumir una actualización conceptual y casuística, por breve que fuera, el inexorable tiempo transcurrió sin lo uno ni lo otro, habiéndose aprobado mientras tanto una nueva Constitución en 1999, otro Código Orgánico Tributario en 2001, y diversos actos legislativos de trascendencia en ese mundo de lo probatorio, como el Decreto con Rango, Valor y Fuerza de Ley Orgánica de la Administración Pública y el Decreto con Rango, Valor y Fuerza de Ley de Simplificación de Trámites Administrativos, ambos de 2008, entre otros.

Luego, dos respetadas y buenas amigas, de amplia trayectoria en el mundo de la academia, desde las organizaciones FUNEDA y Acceso a la Justicia, como lo son Belén Ramírez Landaeta y Laura Louza Scognamiglio, respectivamente, se dieron a la tarea de ponerme manos a la obra, cuya insistencia agradezco, y aquí ofrezco las resultas de lo hecho.

Así, entrando en materia, y teniendo por norte que estas líneas tuvieron originalmente por objeto el desarrollo del tema "Las Pruebas en el Procedimiento Administrativo Tributario", dentro del marco de aquel Seminario sobre "Los Poderes de la Administración Tributaria y los Derechos de los Contribuyentes", cabría pensar que sería menester abarcar dos grandes partes, a saber: los poderes de la Administración Tributaria y los derechos de los contribuyentes, en nuestro caso, referidas ellas al ámbito probatorio en sede administrativa.

No obstante, considerando que la materia vinculada a los poderes de la Administración Tributaria, en cuanto a las potestades de las cuales ésta investida para escudriñar la verdad y así descubrir la ocurrencia del hecho imponible y la cuantía de la carga tributaria, se encuentra suficientemente regulada en el Código Orgánico Tributario de 2001 (particularmente en sus artículos 121 y 127) y, dentro de la normalidad, en principio no provoca dudas interpretativas sobre su alcance, aunque ello sería discutible desde varias perspectivas, sobre lo cual existe bibliografía nacional, se ha estimado prudente en esta ocasión consagrar las líneas que siguen al campo de los derechos de los contribuyentes en este dominio de la probanza.

De este modo, obligados como estamos, lógicamente, a encontrar fundamentación jurídica en el procedimiento administrativo general, se dedicará una primera parte de esta obra al estudio descriptivo dogmático principista del Régimen Jurídico de las Pruebas en el Procedimiento Administrativo General, con énfasis en la determinación de los más importantes derechos de los administrados y principios incluso constitucionales que lo orientan; y, se destinará una segunda parte de la obra al análisis, más detallado y de idéntica naturaleza, del Régimen Jurídico de las Pruebas en el Procedimiento Administrativo Tributario, con singular referencia al Procedimiento Administrativo de Fiscalización y Determinación Tributaria, en lo concerniente a tales derechos y principios, y a la revisión crítica de algunas figuras de gran interés, en la materia probatoria en sede administrativa tributaria.

Finalmente, se esboza la conclusión general y se hace inventario de la bibliografía empleada.

II.

PRIMERA PARTE:

Régimen Jurídico de las Pruebas en el Procedimiento Administrativo

General:

Por procedimiento administrativo general, a los efectos de esta obra, habremos de entender el denominado procedimiento ordinario regulado por la aún vigente Ley Orgánica de Procedimientos Administrativos[1] –de 1981– (en lo adelante LOPA), del cual, en el ámbito del régimen jurídico de las pruebas, haremos objeto de estudio las Secciones Primera: "De la Iniciación del Procedimiento" (artículos 48 y 49) y Segunda: "De la Sustanciación del Expediente" (artículos 53, 54, 58 y 59), del Capítulo I ("Del Procedimiento Ordinario"), del Título III ("Del Procedimiento Administrativo"), además de algunos otros dispositivos legales aislados. Ello, con el fin de precisar sus fuentes principistas o dogmáticas.

Desde esta óptica, el procedimiento administrativo tributario no es otra cosa que un procedimiento administrativo especial, que, por tanto, a más de sus especificidades legales particulares, encuentra regulación concreta, sobre todo desde la perspectiva dogmática o principista, en los dispositivos generales de la LOPA, de inspiración constitucional, pues desde el ángulo garantista no hubo cambios de esencia en los contenidos fundamentales de las Constituciones de 1961 y 1999. En consecuencia, analizaremos la normativa general, en un primer momento, para pasar revista a los más importantes derechos de los administrados en el aspecto probatorio (A), y, en un segundo momento, para enunciar los principios rectores del procedimiento, garantía de ejercicio de dichos derechos (B).

---

1   Publicada en la Gaceta Oficial Extraordinaria Nro. 2.818 del 1 de julio de 1981.

A. Los Derechos de los Administrados en el Procedimiento Administrativo General, en materia de Pruebas:

En este orden de ideas tenemos que, acorde con lo dispuesto por el artículo 48 de la LOPA, el procedimiento administrativo general puede iniciarse a instancia de parte interesada, mediante solicitud escrita, o de oficio, siendo el caso que, en este último supuesto, que casualmente resulta ser el de más amplia difusión en el campo del procedimiento administrativo tributario, y especialmente es el que se da en el marco del Procedimiento Administrativo de Fiscalización y Determinación Tributaria, la autoridad administrativa debe ordenar la apertura del procedimiento y notificar a los particulares cuyos derechos subjetivos o intereses legítimos, personales y directos pudieren resultar afectados por sus resultas, concediéndoles un plazo de diez (10) días hábiles, para que expongan sus pruebas y aleguen sus razones.

En este orden de ideas, a los efectos de esta obra, y como lo ha reconocido la jurisprudencia nacional y la doctrina patria y comparada, este dispositivo legal reconoce, por un lado, el **Principio "Audire Alteram Partem"** o **Principio del Contradictorio**, que abarca o presupone un primer derecho de los administrados, a ejercer en sede administrativa, vinculado ello al ejercicio pleno del **Derecho Humano al Libre Desenvolvimiento de la Personalidad** (artículo 20 constitucional), como manifestación concreta y propulsora de la **Dignidad Humana**: el **Derecho Humano a Ser Oído**, que requiere el previo y suficiente goce del **Derecho Humano a la Información y de Acceso a los Documentos Administrativos** (con previsión especial en el artículo 59[2] de la LOPA), y, consecuencia necesaria de aquel principio, un segundo derecho de los administrados: el **Derecho Humano a Promover y Hacer Evacuar Pruebas** para la mejor tutela de sus derechos e intereses.

---

2   *"Los interesados y sus representantes tienen el derecho de examinar en cualquier estado o grado del procedimiento, leer y copiar cualquier documento contenido en el expediente, así como de pedir certificación del mismo. Se exceptúan los documentos calificados como confidenciales por el superior jerárquico, los cuales serán archivados en cuerpos separados del expediente. La calificación de confidencial deberá hacerse mediante acto motivado".*

Claro que también, la norma en comento consagra, aunque implícitamente y por el principio de interdependencia de los derechos humanos (artículo 19 constitucional), el **Derecho Humano a la Participación en la Fase Constitutiva o Formativa del Acto Administrativo**, sin el que no sería posible ni obtener información ni ejecutar actividad probatoria y del cual el Derecho Humano a Promover y Hacer Evacuar Pruebas es manifestación evidente[3], y, en concordancia con el artículo 85 "eiusdem", el **Derecho Humano a la Impugnación** o **Derecho Humano a la Participación en la Fase de Impugnación o Revisión del Acto Administrativo**.

Por supuesto, todos estos derechos humanos, entre otros, cuentan con regulaciones propias de extensa "autoritas" dogmática y suprema jerarquía en las fuentes del Derecho, acordada por la seriedad científica con la que estos temas han sido tratados por la Corte Interamericana de Derechos Humanos, dadas las previsiones pertinentes de la Convención Americana sobre los Derechos Humanos[4] y del Pacto Internacional de los Derechos Civiles y Políticos, ambos leyes de la República, y con estatus de jerarquía constitucional y

---

3   Para Antonio Moles Caubet, "Introducción al Procedimiento Administrativo", dentro de los derechos procedimentales está el derecho a la defensa, garantizado por el principio Audire Alteram Partem o derecho a ser oído, el derecho a un procedimiento y el derecho a un expediente administrativo (pp. 22 y 23), el derecho a la información (p. 24) y el derecho a la actuación (p. 27); para Manuel Rachadell, "Las Garantías de los Administrados en la Ley Orgánica de Procedimientos Administrativos", se trata del derecho de alegar razones y a presentar pruebas, como atributo del derecho a la defensa (pp. 101 y 102); para Hildegard Rondón de Sansó, "Procedimiento Administrativo", en la fase de sustanciación, el carácter contradictorio del procedimiento, implica la posibilidad de hacer alegatos y aportar elementos probatorios (p. 54), siendo ello ejercicio del derecho a la defensa (p. 278); para José Roberto Dromi, "Procedimiento Administrativo", la defensa, como principio sustancial del procedimiento administrativo, implica el derecho a la participación y especialmente el derecho a "ofrecer y producir prueba" (p. 331); y, para Agustín Gordillo, "La Vista de las Actuaciones en el Procedimiento Administrativo", citando a Juan Francisco Linares, "Garantía de Defensa ante Órganos Administrativos y la Corte Suprema", en "La Ley", Tomo 87, p. 875, y a Jesús González Pérez, "El Procedimiento Administrativo", Madrid, 1964, p. 649, *Los interesados deben tener ocasión de ser oídos y de producir prueba antes de que se dicte una resolución*" (p. 383) y no pueden declararse reservados los informes, pericias o dictámenes (p. 397).

4   Hoy en día inconstitucionalmente denunciada por el gobierno venezolano, en detrimento de los derechos humanos de los venezolanos. De mi autoría: "La Denuncia de la CADH o el Retiro de la CIDH a la Luz de la Ética y del Derecho", Revista de Derecho Público, Nro. 129, Editorial Jurídica Venezolana, Caracas, enero-marzo 2012, pp. 7 a 25. Fe de Erratas: Título incorrecto "La Denuncia de la Corte Interamericana de Derechos Humanos o el Retiro de la Convención Americana de Derechos Humanos a la Luz de la Ética y del Derecho".

prevalencia preferente en el orden interno, por disposición del artículo 23 de la Constitución de 1999.

Además, ese Derecho Humano a Promover y Hacer Evacuar Pruebas, en realidad y a su vez, constituye, esencialmente, un atributo y una garantía y reglamentación legal del **Derecho Humano a la Defensa**, otrora de ese modo consagrado con esa terminología en el artículo 68 de la Constitución de 1961, dentro del espíritu de disfrute pleno del **Derecho Humano al Debido Proceso**, en su más amplio alcance, asunto que en la actualidad se recoge con mejor precisión hasta nominativa y con subrayados del autor, en el artículo 49, numerales 1, 2 y 3 de la Constitución de 1999:

> *"El debido proceso se aplicará a todas las actuaciones judiciales y administrativas y, en consecuencia:*
>
> *1. La defensa y la asistencia jurídica son derechos inviolables en todo estado y grado de la investigación y del proceso. Toda persona tiene derecho a ser notificada de los cargos por los cuales se le investiga, de acceder a las pruebas y de disponer del tiempo y de los medios adecuados para ejercer su defensa. Serán nulas las pruebas obtenidas mediante violación del debido proceso. Toda persona declarada culpable tiene derecho a recurrir del fallo, con las excepciones establecidas en esta Constitución y la ley.*
>
> *2. Toda persona se presume inocente mientras no se pruebe lo contrario.*
>
> *3. Toda persona tiene derecho a ser oída en cualquier clase de proceso, con las debidas garantías y dentro del plazo razonable determinado legalmente, por un tribunal competente, independiente e imparcial establecido con anterioridad. Quien no hable castellano o no pueda comunicarse de manera verbal, tiene derecho a un intérprete".*

Precisa la jurisprudencia el alcance de este Derecho Humano al Debido Proceso, como se puede apreciar del contenido, con subrayados del autor, de la Sentencia Nro. 032/2011 del 12 de abril de 2011, dictada por el Juzgado Superior Noveno de lo Contencioso Tributario, caso: Intersan Puerto La Cruz, S.A. vs. SENIAT (consultada en original):

"En este contexto, cabe señalar que <u>el derecho constitucional al debido proceso comporta el cumplimiento de diversas exigencias en todo procedimiento administrativo</u> o jurisdiccional, con el objeto de mantener al particular en el ejercicio más amplio de los mecanismos y herramientas jurídicas a su alcance, para defenderse debidamente contra actos, hechos u omisiones que se le imputan.

Así entre dichas exigencias se encuentran, conforme a lo establecido en el Artículo 49 de la Constitución de la República Bolivariana de Venezuela, la necesidad de notificar al interesado del inicio de un procedimiento en su contra, <u>tener acceso al expediente, alegar y ser oído</u>, estar asistido legalmente, <u>disponer del tiempo y de los medios adecuados para ejercer su defensa, obtener una decisión motivada</u>, y a ser informado de los recursos que le asisten para impugnar las decisiones que se tomen en el procedimiento que puedan serle desfavorables.

Igualmente, el Debido Proceso implica, de conformidad con lo previsto en el numeral 2 de la norma constitucional que se comenta, el <u>derecho que tiene toda persona a ser considerada inocente</u> mientras no se pruebe lo contrario, derecho este último cuya importancia trasciende en la imposición de las sanciones resultantes de un procedimiento administrativo que ofrezca las garantías mínimas al sujeto investigado y permita, sobre todo, comprobar su culpabilidad. (Vid. sentencias de la Sala Político Administrativa del Tribunal Supremo de Justicia, 01102 del 3 de mayo de 2006 y 00797 del 4 de junio de 2009).

En conexión con lo anterior, este Tribunal ha señalado en reiteradas oportunidades con relación al Derecho a la Defensa, que en el marco de un procedimiento administrativo, tal violación se produce <u>cuando se impide de manera absoluta la participación de los particulares cuyos derechos e intereses pudieran resultar afectados por la decisión de la Administración, o se les cercena el ejercicio de una adecuada defensa</u>. (Vid. Sentencias de la Sala Político Administrativa del Tribunal Supremo de Justicia 01282 del 23 de octubre de 2008 y 00797 del 4 de junio de 2009)".

Además, siguiendo con la Constitución de 1999, ahora encontramos el ascenso al texto que resulta ser fundamento supremo del ordenamiento jurídico (artículo 7 constitucional), a ese antes sólo legal Derecho Humano a la Información y de Acceso a los Documentos Administrativos, como se descolla, con subrayados del autor, en los artículos 28, 141 y 143:

> *"Toda persona tiene <u>derecho de acceder a la información y a los datos que sobre sí misma o sobre sus bienes consten en registros oficiales</u> o privados, con las excepciones que establezca la ley, así como de conocer el uso que se haga de los mismos y su finalidad".*

> *"<u>La Administración Pública</u> está al servicio de los ciudadanos y ciudadanas y <u>se fundamenta en los principios de</u> honestidad, participación, celeridad, eficacia, eficiencia, <u>transparencia,</u> rendición de cuentas y responsabilidad en el ejercicio de la función pública, con sometimiento pleno a la ley y al derecho".*

> *"<u>Los ciudadanos y ciudadanas tienen derecho a ser informados oportuna y verazmente por la Administración Pública, sobre el estado de las actuaciones en que estén directamente interesados, y a conocer las resoluciones definitivas que se adopten sobre el particular. Asimismo, tienen acceso a los archivos y registros administrativos,</u> sin perjuicio de los límites aceptables dentro de una sociedad democrática en materias relativas a seguridad interior y exterior, a investigación criminal y a la intimidad de la vida privada, de conformidad con la ley que regule la materia de clasificación de documentos de contenido confidencial o secreto".*

Y, desde igual perspectiva, ocurre con el **Deber de Motivación**, previsto en los artículos 9[5] y 18, numeral 5[6], de la LOPA, y el **Principio de Globalidad (o de Exhaustividad) de la Decisión Administrativa**, a que se contrae el artículo 62[7] de la LOPA, constituyen garantías especialísimas; del Derecho Humano al Debido Proceso, por obligar a la Administración Pública a considerar todos los alegatos y todas y cada una de las pruebas producidas, promovidas y evacuadas, por lo que podemos indicar la existencia consecuencial

---

5 *"Los actos administrativos de carácter particular deberán ser motivados, excepto los de simple trámite o salvo disposición expresa de la ley. A tal efecto, deberán hacer referencia a los hechos y a los fundamentos legales del acto".*

6 *"Todo acto administrativo deberá contener: ...5. Expresión sucinta de los hechos, de las razones que hubieren sido alegadas y de los fundamentos legales pertinentes".*

7 *"El acto administrativo que decida el asunto resolverá todas las cuestiones que hubieren sido planteadas, tanto inicialmente como durante la tramitación".*

de un **Derecho Humano Instrumental a que la Administración Aprecie las Pruebas Promovidas y Evacuadas**, como garantía por lo demás del Derecho Humano al Debido Proceso y del **Principio Constitucional de Transparencia**.

Obviamente, la generalidad de tal Derecho Humano a Promover y Hacer Evacuar Pruebas nos permite afirmar que también se halla presente en los procedimientos administrativos iniciados a instancia de parte interesada, razón por la cual el artículo 49, numerales 4 y 5, de la LOPA, exige que el escrito de solicitud se acompañe de textos anexos, vale decir, de las pruebas documentales que sostengan los hechos, razones y pedimentos o pretensiones correspondientes.

En todo caso, se inicie el procedimiento administrativo general de oficio o a instancia de parte interesada, conforme a las previsiones de los artículos 28 y 32 de la LOPA, con subrayados del autor, sea que de oficio lo exija la Administración Pública o que voluntariamente proceda el interesado a producir, promover o requerir, como expresión del Derecho Humano a Promover y Hacer Evacuar Pruebas:

"Los administrados están <u>obligados a facilitar a la Administración Pública la información de que dispongan</u> sobre el asunto de que se trate, cuando ello sea necesario para tomar la decisión correspondiente". Y,

"El administrado podrá adjuntar, en todo caso, al expediente, <u>los escritos que estime necesarios</u> para la aclaración del asunto".

Por lo que respecta a la jurisprudencia nacional, son dignas de mención las siguientes sentencias de la otrora Corte Suprema de Justicia, en Sala Político-Administrativa, y de la Corte Primera de lo Contencioso Administrativo, ilustrativas de lo que fue su doctrina pacífica y reiterada en la materia, dentro de la construcción de nuestro Derecho Procesal Administrativo, con resaltados del autor:

*"La Sala quiere expresar que **la violación del derecho a la defensa**, consagrado constitucionalmente en el Artículo 68, **existe cuando***

*los interesados no conocen el procedimiento que puede afectarlos, se les impide su participación en él o el ejercicio de sus derechos, o **se les prohíbe realizar actividades probatorias**, o no se les notifica los actos que los afecten. Es decir, cuando en verdad el derecho de defensa ha sido severamente lesionado o limitado. **En aquellos casos en que los órganos administrativos desconocen las pruebas de los interesados, o no las aprecian, o lo hacen erróneamente, el vicio no es de indefensión sino de falso supuesto, o en su causa o justificación...**"* (Sentencia de la Sala Político-Administrativa de la antes Corte Suprema de Justicia del 4 de febrero de 1993, con ponencia de la Magistrada Cecilia Sosa Gómez, caso: Iván Hernández vs. Consejo de la Judicatura, Revista de Derecho Público, N° 53-54, Editorial Jurídica Venezolana, Caracas, enero-junio 1993, p. 183).

*"...la Administración en su actuar, debe garantizar a todo ciudadano que pudiere resultar perjudicado en su situación subjetiva, el ejercicio del derecho a la defensa, permitiéndole la **oportunidad para que alegue y pruebe lo conducente en beneficio de sus derechos e intereses**"* (Sentencia de la Sala Político-Administrativa de la antes Corte Suprema de Justicia del 10 de febrero de 1994, con ponencia del Magistrado Luís H. Farías Mata, caso: Imadelca vs. República, Revista de Derecho Público, N° 57-58, Editorial Jurídica Venezolana, Caracas, enero-junio 1994, p. 188).

*"...ha sido postura reiterada de esta Sala reconocer y garantizar a todo ciudadano que pudiere resultar perjudicado en su situación subjetiva frente al actuar de la Administración, el derecho a la defensa y al debido proceso, permitiéndole la **oportunidad para alegar y probar lo conducente en beneficio de sus derechos e intereses**"* (Sentencia de la Sala Político-Administrativa de la antes Corte Suprema de Justicia del 26 de mayo de 1994, con ponencia del Magistrado Humberto J. La Roche, caso: Lucía Hernández vs. Consejo de la Judicatura, Revista de Derecho Público, N° 57-58, Editorial Jurídica Venezolana, Caracas, enero-junio 1994, p. 187).

*"...ha sido criterio reiterado por esta Sala Político-Administrativa, el garantizar a todo ciudadano, frente al actuar de la Administración, el debido derecho a la defensa, permitiéndole **alegar y probar, tanto en el procedimiento constitutivo del acto administrativo como a los***

recursos internos consagrados por la ley para depurar aquel, todo lo conducente en beneficio de sus derechos e intereses" (Sentencia de la Sala Político-Administrativa de la antes Corte Suprema de Justicia del 26 de mayo de 1994, con ponencia de la Magistrado Cecilia Sosa Gómez, caso: Arnaldo J. Echegaray vs. Consejo de la Judicatura, Revista de Derecho Público, Nº 57-58, Editorial Jurídica Venezolana, Caracas, enero-junio 1994, p. 188).

*"...los atributos del derecho de defensa en sede administrativa (notificación del procedimiento, acceso a los actos del mismo, lapsos, formulación de alegatos, **pruebas** e informes)..."* (Sentencia de la Corte Primera de lo Contencioso Administrativo del 3 de septiembre de 1993, con ponencia del Conjuez José Peña Solis, caso: Rafael A. Jaimes A. vs. Gobernación del Distrito Federal, Revista de Derecho Público, Nº 55-56, Editorial Jurídica Venezolana, Caracas, lulio-diciembre 1993, p. 203).

"...la Administración debe otorgarle a los particulares que por su actuación resultarán lesionados en sus derechos subjetivos o intereses legítimos un momento procesal para que expongan los alegatos y presenten las pruebas que consideren pertinentes, este deber de los órganos administrativos tiene por objeto garantizar el derecho a la defensa..." (Sentencia de la Corte Primera de lo Contencioso Administrativo del 16 de mayo de 1996, con ponencia de la Magistrado Belén Ramírez Landaeta, caso: Foción Antonio Ojeda, Jurisprudencia de los Tribunales de Última Instancia, Repertorio Mensual de Jurisprudencia del Dr. Oscar Pierre Tapia, Año VII, Tomo Nº 5, Caracas, mayo de 1996, pp. 58 a 60).

"...en el procedimiento administrativo basta para entender que se ha realizado una motivación suficiente, el análisis y apreciación global de todos los elementos cursantes en el expediente administrativo correspondiente, no siendo necesario que el ente administrativo realice una relación precisa y detallada de todos y cada uno de los medios probatorios aportados; y al respecto, del análisis del acto se evidencia que, efectivamente, el ente administrativo sí realizó una valoración global de todos los elementos cursantes en autos..." (Sentencia Nro. 01623 de la Sala Político Administrativa del Tribunal Supremo de Justicia del 21 de octubre de 2003, con ponencia del Magistrado Levis Ignacio Zerpa, caso: Gustavo Montañez y otros vs. Colegio de Abogados

del Estado Carabobo (http://www.tsj.gov.ve/decisiones/spa/octubre/01623-221003-2002-0819.HTM).

B. Los Principios Rectores del Procedimiento Administrativo General, en materia de Pruebas:

Gracias a la indudable vigencia del ya mencionado **Principio "Audire Alteram Partem"** o **Principio del Contradictorio**, exigencia obligada del rigor del Derecho Humano al Debido Proceso, se ha sostenido, con aceptación universal, la conceptualización del procedimiento administrativo como una garantía jurídica de los administrados[8]. Este es, pues, uno de los principios rectores del procedimiento administrativo general, quizás el más trascendente de ellos, que a la postre y filosóficamente resultan ser garantías específicas de goce y pleno ejercicio de los citados derechos humanos defensivos de los administrados, por lo que se hace indispensable su consideración de seguidas.

De esta forma, recordando y ratificando lo ya dicho sobre el **Deber de Motivación** y el **Principio de Globalidad (o de Exhaustividad) de la Decisión Administrativa**, tenemos que otra de tales fuentes dogmático principistas, ilustrativas del procedimiento administrativo general, es, ciertamente, el **Principio de Actuación de Oficio, Principio de Oficialidad** o **Principio Inquisitivo**, previsto en los artículos 53 y 54 de la LOPA, dispositivos que atribuyen la carga global del impulso procesal en todo momento procedimental a la Administración Pública[9]. De tal manera, a la Administración Pública corresponde, de oficio (pero pudiendo obviamente siempre haber instancia peticional o promovente del interesado), cumplir *"todas las actuaciones necesarias para el mejor conocimiento del asunto que deba decidir, siendo de su responsabilidad impulsar el procedimiento en todos sus trámites"*, y solicitar *"de las otras autoridades u organismos*

---

8 Hildegard Rondón de Sansó, op. cit. (p. 87).
9 Hildegard Rondón de Sansó, op. cit. (pp. 115 y 244), lo define como un llamado a una actividad probatoria propia.

los documentos, informes o antecedentes que estime convenientes para la mejor resolución del asunto".

El autor administrativista José Roberto Dromi expresa al respecto que el Principio de Oficialidad es un postulado formal del procedimiento administrativo, que conlleva el deber de ordenar la práctica de cuanto sea conveniente para el esclarecimiento y resolución de la cuestión planteada. Incluso, llega a plantear su ausencia como un verdadero vicio del procedimiento[10].

La importancia de este principio o postulado central radica en que, al contrario de lo que ocurre en el proceso o juicio ordinario, de corte judicial, regulado por el Código de Procedimiento Civil, donde reina el Principio Dispositivo, la Administración Pública, garante del interés público, general o colectivo, a diferencia del Juez Ordinario o de Derecho Común, tutor en principio de meros intereses privados, individuales o particulares tiene el deber, dentro de un procedimiento administrativo, de escudriñar la realidad de los hechos, para encontrar la verdad material y decidir en consecuencia, no pudiendo, como aquel, simplemente atenerse autolimitativamente a lo alegado y probado en autos. Este principio tiene su manifestación específica, en el dominio probatorio, en otro gran postulado del llamado derecho administrativo formal, como lo es el denominado **Principio de Investigación de la Verdad Real**.

En un proceso judicial común, la carga de la prueba incumbe a cada una de las partes, mientras que el juez simplemente ha de ser conducentemente convencido por la actividad probatoria de las partes, o no, y de esa manera justificar su sentencia[11]. Es lo normal que el decisor no tenga carga probatoria en sí. Empero, en un procedimiento administrativo cualquiera sea, el funcionario público sustanciador es el decisor, estamos de acuerdo, pero es también parte

---

10 José Roberto Dromi, op. cit. (p. 331).
11 Horacio López Miró, "Probar o Sucumbir. Los Tres Grados del Convencimiento Judicial y la Regla Procesal del Onus Probandi" (p. 41): "*… al margen de toda posible discusión entre cargas probatorias estáticas o dinámicas, debe quedar claro que los únicos que deben probar son las partes (…) pero nunca el juez…*".

("juez y parte" se dice), por lo que le incumbe la carga de probar sus afirmaciones durante el desarrollo del iter procedimental y al momento de decidir sea el procedimiento administrativo constitutivo o de formación, sea el procedimiento administrativo de revisión o de impugnación del acto administrativo definitivo (carga que no lo ha de abandonar tampoco al estar como mera –otra– parte en la sede judicial).

Puede decirse, entonces, que la Administración Pública, en la fase constitutiva o de formación del acto administrativo (pues en la fase de revisión o de impugnación la comparte con el administrado), sin perjuicio de la actividad probatoria a la cual tiene derecho el administrado, tiene la **Carga de la Prueba** u **"Onus Probandi"**.

Tan es cierta esta afirmación, que el tratadista administrativista Rafael Entrena Cuesta, en una forma por demás categórica e imperativa, señala que *"si el órgano instructor no ordena la práctica de la prueba o pruebas que juzgue pertinente, deberán tenerse por ciertos los hechos alegados"*[12] por los administrados.

Y, para garantizar el Principio "Audire Alteram Partem" o Principio del Contradictorio y el control de la prueba, el maestro administrativista Agustín Gordillo estima que *"es de rigor el traslado y vista a la parte después de haberse producido la prueba pertinente, bajo pena de nulidad"*[13].

Hay, pues, una presunción de veracidad en favor del administrado, antes del dictado del acto administrativo que causa estado, que obliga a todos (incluida la Administración Pública) a tenerlo como el "Bonus Pater Familiae", que encuentra su fundamento en el **Principio General de la Buena Fe** y en la **Presunción Constitucional de Inocencia**, la cual debe ser desvirtuada por el órgano administrativo, para poder afectar la esfera jurídica subjetiva de aquel, presunción de veracidad, esa, que rige en tanto el acto ad-

---

12 Rafael Entrena Cuesta, "Curso de Derecho Administrativo" (p. 293).
13 Agustín Gordillo, op. cit. (p. 410).

ministrativo no haya quedado definitivamente firme, bien sea por confirmatoria pasada en autoridad de cosa juzgada, o por efecto de la caducidad de las acciones recursivas ordinarias, dejando a salvo en ese último caso la posibilidad de ejercer acciones extraordinarias autónomas de revisión administrativa o de amparo constitucional contra acto administrativo o de obtener el reconocimiento en cualquier tiempo de la nulidad absoluta, en mesa de la autotutela administrativa a petición de parte.

Por tanto, si bien es cierto que, como regla, la Carga de la Prueba u "Onus Probandi" corresponde a quien afirma o alega, debe admitirse que ello, acorde con las circunstancias, compete a la Administración Pública y/o al administrado, ponderado ello, como se esbozará más adelante, por un lado, con la previamente aludida presunción de veracidad en favor del administrado, anterior al dictado y definitiva vigencia del acto administrativo, es decir, durante la fase constitutiva o formativa del acto administrativo o procedimiento administrativo de primer grado, durante la fase de revisión o impugnación o procedimiento administrativo de segundo grado, consecuencia de la revisión oficiosa o del ejercicio de los recursos administrativos (de reconsideración, jerárquico, de revisión), y durante la eventual sede judicial, sin que la conocida y muy poco entendida presunción de veracidad o legitimidad de la providencia administrativa tenga efecto sobre la distribución de la carga probatoria, como se demostrará más adelante.

En esta presentación de cosas, dado el rigor del Principio de Oficialidad, dentro de la fase constitutiva o de formación del acto administrativo debe haber una etapa de instrucción, donde se ejecuten actos tendentes a proporcionar elementos de juicio, tales como los alegatos de los interesados, los informes de otros órganos públicos, las alegaciones derivadas de consultas públicas, las pruebas y las objeciones de los interesados con vista del expediente administrativo[14].

---

14 Rafael Entrena Cuesta, op. cit. (p. 289).

La decisión administrativa debe responder a la auténtica verdad, no pudiendo encontrar justificación en la llamada verdad procesal, es decir, aquella que emerge del expediente pudiendo no tener relación alguna con la realidad.

Cabe, entonces, dejar establecido que en esta materia del procedimiento administrativo general imperan, entre otros principios rectores, el **Principio de Certeza**, el **Principio de Objetividad**, el **Principio de Imparcialidad** y el **Principio de Inmediación**, reforzados por el **Principio "in dubio pro administrado"**[15]: Si hay dudas, si no existe plena prueba de los hechos, la Administración Pública no puede afectar los derechos e intereses de los administrados, con una decisión, providencia o acto administrativo.

Pero, en nuestra opinión, el administrado se enfrenta a un verdadero derecho-deber, pues, no sólo tiene la facultad de ejercer actividad probatoria en su beneficio, sino que está gravado con la obligación de permitir la labor administrativa de investigación de los hechos y coadyuvar con ella, en la búsqueda de la verdad real, so pena de sanciones, si se comprueba el dolo o la negligencia.

Otra institución general de interés para nuestro presente estudio es el **Principio de Informalismo**[16], según el cual, como garantía del interés público, general o colectivo, el procedimiento administrativo es, esencialmente, informal, vale decir, carente de la figura de la preclusión, propia de la actividad procesal judicial. Así, de imperar la preclusión en la sede administrativa, ésta podría hacer caer a la Administración Pública, vencido un supuesto lapso probatorio preclusivo, en la verdad procesal, ajena y hasta perjudicial a la mejor tutela del bien común, general o colectivo.

No exageramos si sostenemos que la informalidad es una garantía de arribo a la verdad material.

---

15 José Roberto Dromi, op. cit. (p. 344).

16 Para José Roberto Dromi, op. cit., se trata de un principio formal del procedimiento administrativo (p. 332), para la consecución de la verdad material y la defensa del interés público (pp. 344 y 345).

En palabras del tratadista administrativista Rafael Entrena Cuesta, quien califica el principio en cuestión como "Antiformalismo de Ley", los interesados pueden hacer alegatos en cualquier momento del procedimiento, que deben siempre ser tenidos en cuenta por la autoridad administrativa[17], por supuesto con los límites que derivan sólo de la sanción del abuso de derecho, del fraude a la ley y de la comprobada mala fe.

La jurisprudencia ha puesto de relieve la vigencia de tal principio, como lo destaca la Sentencia Nro. 02673 del 22 de noviembre de 2006, dictada por la Sala Político Administrativa del Tribunal Supremo de Justicia, con ponencia de la Magistrada Evelyn Marrero, caso: Sociedad Williams Enbridge & Compañía (SWEC) vs. Ministerio de Energía y Minas (http://www.tsj.gov.ve/decisiones/spa/noviembre/02673-281106-2005/0217.HTM), con resaltado del autor:

*"...resulta necesario hacer referencia a la **flexibilidad probatoria que rige en el procedimiento administrativo, pues en este procedimiento no opera la preclusividad de los lapsos procesales con la rigurosidad del proceso judicial. En efecto, en el transcurso del procedimiento administrativo las partes pueden presentar las pruebas y los alegatos que consideren pertinentes, siempre que no se haya producido la decisión definitiva.***

Dicho principio de flexibilidad de las pruebas en el procedimiento administrativo, encuentra su contrapartida con el principio de exhaustividad y globalidad del acto administrativo, previsto en el artículo 62 de la Ley Orgánica de Procedimientos Administrativos, toda vez que el órgano administrativo está obligado a pronunciarse sobre todas las cuestiones que hubieren sido planteadas durante todo el proceso.

De allí que, si bien el Ministerio de Energía y Minas no fijó los lapsos para promover y evacuar pruebas, se evidencia que en la resolución recurrida (folios 534 al 575) el órgano administrativo señaló todos y cada uno de los documentos consignados por la recurrente y demás pruebas promovidas por su representación judicial, así como también se pronunció acerca de la pertinencia y el valor probatorio de las mismas.

---

17   Rafael Entrena Cuesta, op. cit. (p. 290).

En efecto, el órgano administrativo se pronunció en cuanto a la prueba de informes promovida por la parte actora, señalando que dicha prueba era inoficiosa por cuanto versaba sobre hechos que constaban en el expediente. Asimismo, las pruebas de inspección ocular y de exhibición de documentos no fueron valoradas por la Administración, por haber considerado que las mismas estaban dirigidas a demostrar hechos no relacionados con el objeto del procedimiento, es decir, la verificación del abandono del Terminal TAEJ y la suspensión del servicio de operación y mantenimiento de dicho Terminal, en contravención de normas legales y constitucionales. Por lo cual -a juicio de la Sala- la omisión en la cual incurrió la Administración sobre la fijación de los lapsos para promover y evacuar pruebas no produjo indefensión alguna. Así se declara".

E, igualmente, en la Sentencia del 5 de abril de 2010, dictada por el Juzgado Superior en lo Civil y Contencioso Administrativo de la Región Centro Occidental, caso: Importadora Triple Has, C.A. vs. Inspectoría del Trabajo del Estado Lara (consultada en original), al expresar, con resaltado del autor:

*"Ahora bien, esta Sentenciadora debe dejar claro que las normas procesales que rigen la actividad probatoria en sede administrativa deben ser analizadas conforme a los **principios de flexibilidad probatoria y no precusividad, mencionados por la doctrina de José Araujo Juárez al desarrollar el principio antiformalista del procedimiento administrativo**, indicando que:*

"...Con el mencionado principio del procedimiento administrativo quiere hacerse alusión de un alejamiento respecto de todo "formulismo", como del llamado principio de informalidad administrativa y que acertadamente recoge la legislación procedimental en los siguientes casos: posibilidad de efectuar alegaciones en cualquier momento del procedimiento administrativo (art. 32 LOPA); posibilidad de utilizar cualquier medio de prueba o principio de flexibilidad probatoria (art. 58 LOPA); el principio de no preclusividad o no establecimiento de una articulación de fases con sucesión preclusiva (art. 23 y 60 LOPA); intrascendencia de los errores en la calificación de los recursos (art. 86 LOPA); y la teoría del conocimiento adquirido (RUAN, CPCA)..."

(...)

"De la misma manera, el procedimiento administrativo en general, no puede estar dotado de la misma técnica formalista que el proceso civil ordinario..." (Araujo Juárez, José. Tratado de Derecho Administrativo Formal. Vadell Hermanos Editores. 4ta edición. 2007, Caracas-Venezuela, pág 130 y131)".

Luego, en otro fallo, el mismo tribunal dictó su Sentencia del 17 de septiembre de 2010, caso: Guantes Industriales de Lara, C.A. vs. Inspectoría del Trabajo del Estado Lara (consultada en original), reflejo de la doctrina de la Sala Político Administrativa del Tribunal Supremo de Justicia, en la temática, con resaltado del autor:

"En primer lugar cabe señalar prima facie que la valoración de las pruebas en el procedimiento administrativo no puede ser confundida con la regulación de la valoración de las pruebas en función jurisdiccional, contemplada en el artículo 509 del Código de Procedimiento Civil.

Así, tal como lo ha señalado la Sala Político-Administrativa del Tribunal Supremo de Justicia, mediante Sentencia de fecha 27 de octubre 2009, en los procedimientos administrativos la valoración de las pruebas se realiza con base en un formalismo moderado en virtud del principio de flexibilidad probatoria, no estando la Administración atada a un régimen tan riguroso como el que se exige en la función jurisdiccional (Vid. Además de la misma Sala, Sentencia 00815 del 3 de junio de 2009).

*En efecto, **en el procedimiento de naturaleza administrativa no prevalece la rigidez en la preclusividad, típica de los procedimientos judiciales, de lo que se desprende la ausencia de las formalidades que caracterizan a los procesos judiciales, y que permite a la Administración, la posibilidad cierta de practicar las actuaciones que a bien considere, en el momento que estime necesario, y que conlleve a que el proveimiento administrativo a dictar sea el resultado real de la total armonización del cauce formal con respecto al material.***

Así lo ha establecido esta Sala en sentencia N° 01743 del 5 de noviembre de 2003, (caso: Carlos Alejandro Guzmán vs. Ministerio del Interior y Justicia) donde se dejó sentado que:

"Lo anteriormente expuesto, no implica que las reglas probatorias que rigen el proceso civil son aplicables rigurosamente en el procedimiento

administrativo. En efecto, por mandato expreso del artículo 58 de la Ley Orgánica de Procedimientos Administrativos, resultan aplicables al procedimiento administrativo los medios probatorios consagrados en el Código de Procedimiento Civil, entre otras leyes, así como los principios generales del derecho probatorio, pero teniendo en cuenta las atenuaciones propias que rigen en materia administrativa, relativas a la no preclusividad de los lapsos para la presentación de los alegatos y pruebas (artículo 62 eiusdem) y a la búsqueda de la verdad material por encima de la formal".

Por otro lado, específicamente en referencia a la materia probatoria, se observa el **Principio de Flexibilidad Probatoria** o **Principio de Libertad Probatoria**, que *"alude a la posibilidad, por una parte, de los interesados de introducir cualquier elemento que pueda servir a la comprobación de sus intereses y, por la otra, a la sujeción de la Administración de determinar en todo caso la llamada verdad material"*[18].

Acorde con este Principio de Flexibilidad Probatoria o Principio de Libertad Probatoria, la prueba es libre. Esto quiere decir que, tal como lo prevé el artículo 58 de la LOPA:

"Los hechos que se consideren relevantes para la decisión de un procedimiento podrán ser objeto de todos los medios de prueba establecidos en los Códigos Civil, de Procedimiento Civil y de Enjuiciamiento Criminal (hoy Código Orgánico Procesal Penal) o en otras leyes".

Como puede apreciarse, estamos bajo un sistema de prueba legal, donde sólo son admisibles los medios de prueba bien fijados o bien no expresamente prohibidos por la ley (artículo 395[19] del Código de Procedimiento Civil), cualquiera sea el texto de ley. No obstante, puede sostenerse que dicho sistema es libre, por cuanto

---

18 Hildegard Rondón de Sansó, op. cit. (pp. 113, 244 y 279).

19 *"Son medios de prueba admisibles en juicio aquellos que determina el Código Civil, el presente Código y otras leyes de la República.*

Pueden también las partes valerse de cualquier otro medio de prueba no prohibido expresamente por la ley, y que consideren conducente a la demostración de sus pretensiones. Estos medios se promoverán y evacuarán aplicando por analogía las disposiciones relativas a los medios de pruebas semejantes contemplados en el Código Civil, y en su defecto, en la forma que señale el Juez".

es posible usar, dentro del procedimiento administrativo general, cualquier medio probatorio[20], idóneo para la demostración del hecho de que se trate, siempre que el mismo esté consagrado como tal en alguna ley de la República, como, además de las nombradas, el Código Orgánico Tributario, prolijo en aspectos novedosos como el de la prueba electrónica, entre otros cuerpos normativos con rango legal.

Adicional fuente dogmática que nos proponemos comentar es el **Principio de Libre Apreciación de las Pruebas**[21] o **Principio de Valoración por la Sana Crítica**, según el cual la ley, por regla, no contempla regulaciones especiales de valoración o evaluación de los medios probatorios empleados por la propia Administración Pública o por los administrados, de modo que, siempre que la prueba sea pertinente y legal, el órgano administrativo competente para el dictado de la providencia habrá de valorarla, evaluarla o ponderarla en cuanto a su conducencia hacia la determinación de la verdad real, teniendo por norte, exclusivamente, dentro del marco de la debida proporcionalidad y justicia, su leal saber y entender, tanto en la comprobación de los hechos como en la calificación y apreciación de las pruebas[22], y sin perder de vista las máximas de experiencia[23].

Sobre este particular la jurisprudencia nacional ha establecido que:

---

20 Para Antonio Moles Caubet, op. cit., en la fase de instrucción puede usarse cualquier medio de prueba (p. 36); y, para Rafael Entrena Cuesta, op. cit., es válido cualquier medio de prueba (p. 294).

21 Hildegard Rondón de Sansó, op. cit. (p. 114).

22 Artículo 507 del Código de Procedimiento Civil: "*A menos que exista una regla legal expresa para valorar el mérito de la prueba, el Juez deberá apreciarla según las reglas de la sana crítica*".

23 Benigno Humberto Cabrera Acosta, "Teoría General del Proceso y de la Prueba" (p. 382): "*...las reglas de la sana crítica, que son ante todo reglas del correcto entendimiento humano. En ellas interfieren las reglas de la lógica, con las reglas de la experiencia...*".
Eduardo J. Couture, "Las Reglas de la Sana Crítica" (p. 23): "*La sana crítica no puede desentenderse de los principios lógicos, ni de las reglas empíricas. Los primeros son verdades inmutables, anteriores a toda experiencia; las segundas son contingentes, variables con relación al tiempo y al espacio. La sana crítica será, pues, permanente e inmutable en un aspecto y variable y contingente en otro*".

*"...la Administración goza de **libertad en la apreciación de las pruebas**..."* (Sentencia de la Corte Primera de lo Contencioso Administrativo del 13 de abril de 1994, con ponencia de la Magistrada Alexis Pinto D'Ascoli, caso: Felipe Figueroa vs. La Electricidad de Caracas, Revista de Derecho Público, N° 57-58, Editorial Jurídica Venezolana, Caracas, enero-junio 1994, p. 246).

"...lo referente a la validez de los documentos, contemplados en el Código de Procedimiento Civil, sí son de obligatorio cumplimiento en la valoración de las pruebas en sede administrativa..." (Sentencia de la Sala Político-Administrativa de la antes Corte Suprema de Justicia del 12 de diciembre de 1993, con ponencia de la Magistrada Hildegard Rondón de Sansó, caso: Dominicana de Aviación vs. República, Revista de Derecho Público, N° 55-56, Editorial Jurídica Venezolana, Caracas, julio-diciembre 1993, p. 204).

"En este orden de ideas, tal como lo ha establecido la Doctrina, constituye un principio general para la valoración de las pruebas en el procedimiento administrativo, la apreciación de las mismas con base a las reglas de la sana crítica. Ello implica que la Administración debe valorar las pruebas presentadas durante el procedimiento administrativo, mediante una operación intelectual lógica y razonada, que se traduce en la motivación del acto administrativo" (Sentencia del 17 de septiembre de 2010, dictada por el Juzgado Superior en lo Civil y Contencioso Administrativo de la Región Centro Occidental, caso: Guantes Industriales de Lara, C.A. vs. Inspectoría del Trabajo del Estado Lara -consultada en original-).

Evidentemente, en principio, no serán objeto de prueba los hechos admitidos o no controvertidos por las partes, salvo demostración de su falsedad, los hechos presumidos por la ley, salvo que asistamos a postulados que menoscaben el principio de buena fe o la presunción constitucional de inocencia, y los hechos notorios o públicamente conocidos. Sin embargo, independientemente de la facultad de interpretación y creación del Derecho (de fuente sublegal), que el Ordenamiento Jurídico reconoce a la Administración Pública, como quiera que el funcionario administrativo decisor no necesariamente debe ser abogado, estimamos que en el procedimiento administrativo no rige el **Principio "Iura Novit Curia"**, por lo que el derecho, no solamente el internacional sino igualmente el municipal, el nacional y todo otro sobre cuyo contenido o vigencia pueda haber controversia, debe ser objeto de prueba.

III.

SEGUNDA PARTE:

Régimen Jurídico de las Pruebas
en el Procedimiento Administrativo Tributario:

El procedimiento administrativo tributario (con particular atención, como se advirtió antes, del denominado **Procedimiento Administrativo de Fiscalización y Determinación Tributaria**), debe ser entendido como aquel que lleva a cabo la Administración Tributaria, siempre de oficio, con el fin de precisar la existencia o no del hecho imponible y la correspondiente cuantía de la carga tributaria. Establecía el artículo 116 del Código Orgánico Tributario de 1994, que *"La determinación o liquidación es el acto o conjunto de actos que declara la existencia y cuantía de un crédito tributario o su inexistencia".* Semejante clara definición, por razones que me son desconocidas, fue eliminada en el vigente Código Orgánico Tributario[24] -de 2001- (en lo sucesivo COT), sin que ello implique que la institución en cuestión haya variado de entendimiento.

Se habla de que la determinación es un acto, cuando la realiza el contribuyente en su declaración impositiva. En cambio, cuando se trata de un conjunto de actos, en realidad asistimos a un procedimiento administrativo de oficio, que se nutre dogmáticamente de los principios derivados de la LOPA, previamente analizados, y adaptados por el COT.

Este procedimiento administrativo tributario de primer grado o de formación o constitución de la voluntad administrativa, se encuentra regulado en dispositivos contenidos en el Título IV "De la Administración Tributaria", del COT, dentro de los cuales, a los

---

24 Publicado en la Gaceta Oficial Nro. 37.305 del 17 de octubre de 2001.

33

efectos de esta obra, nos interesa destacar los ubicados en la Sección Segunda "De las Pruebas", del Capítulo III "De los Procedimientos", y algunos de los presentes en la Sección Primera "Disposiciones Generales", y en la Sección Sexta "Del Procedimiento de Fiscalización y Determinación", del mismo Capítulo.

Y por lo que concierne al procedimiento administrativo de segundo grado o procedimiento administrativo de impugnación, dedicaremos atención a algunos de los dispositivos pertinentes ubicados en el Título V "De la Revisión de los Actos de la Administración Tributaria y de los Recursos Administrativos", concretamente en el Capítulo II "Del Recurso Jerárquico".

Es de indicar, antes de proseguir, que cierta doctrina suele clasificar dos tipos de procedimientos administrativos tributarios: el de Fiscalización y Determinación Tributaria, por un lado, y el de Verificación Tributaria, por el otro lado, sobre la base de que la Administración Tributaria esté actuando en ausencia de autodeterminación previa del contribuyente (por ser el régimen de la ley tributaria especial de que se trate o por incumplimiento de sus deberes por el contribuyente), en el primer caso, o, se limite a revisar la exactitud de las declaraciones autodeterminativas del contribuyente, en el segundo caso. Pero, hoy por hoy la jurisprudencia es clara sobre la existencia de una sola fase constitutiva del acto administrativo de efectos particulares y contenido tributario, es decir, en esencia de un único procedimiento administrativo tributario, con sus variantes casuístico normativas, en la actualidad con regulaciones separadas pero principistamente unidas, en los artículos 177 a 193 y 172 a 176, respectivamente.

Además, nos limitaremos al COT, no sin reconocer que, en virtud de la autonomía administrativa, normativa y organizativa municipal, de raigambre constitucional, los Municipios, en sus ordenanzas, pueden regular procedimientos administrativos tributarios de primer grado (o incluso de segundo grado como ocurre con los recursos de reconsideración) que, sin embargo, la práctica evolutiva ha ido llevándolos hacia la uniformización con los postulados del

COT y/o de la LOPA, con arreglo por lo demás a las previsiones de la Ley Orgánica del Poder Público Municipal.

A. Los Derechos de los Administrados y los Principios Rectores del Procedimiento Administrativo Tributario, en Materia de Pruebas:

En cuanto a lo que tenga que ver con los derechos de los administrados (contribuyentes o responsables tributarios o ni lo uno ni lo otro) dentro del procedimiento administrativo tributario, es menester poner de relieve que son los mismos y con idéntico alcance, ni uno menos ni uno más, que aquellos de que disfrutan los administrados en la órbita del procedimiento administrativo general y que, según vimos, giran en torno del **Principio "Audire Alteram Partem"** o **Principio del Contradictorio** y del **Derecho Humano Constitucional al Debido Proceso**[25].

Haciendo un recuento, podemos enumerar dentro del contenido esencial o núcleo duro del **Derecho Humano al Debido Proceso**, como derecho humano de carácter procedural que es, los siguientes: el **Derecho Humano a Ser Oído**, el **Derecho Humano a la Información y de Acceso a los Documentos Administrativos** (con previsión especial en el artículo 151[26] del COT y sólo para los interesados legítimos, pues los artículos 126[27] y

---

25 Para Héctor B. Villegas, "Curso de Finanzas, Derecho Financiero y Tributario" (p. 344): *"Así como es necesario que el determinado sea escuchado durante el proceso de formación del acto determinativo, también lo es que se le proporcione la oportunidad de demostrar lo que afirma, en los casos de que esas afirmaciones sean discrepantes con las apreciaciones del Fisco".*

26 *"Los interesados, representantes y los abogados asistentes tendrán acceso a los expedientes y podrán consultarlos sin más exigencia que la comprobación de su identidad y legitimación, salvo que se trate de las actuaciones fiscales las cuales tendrán carácter confidencial hasta que se notifique el Acta de Reparo".*

27 *"Las informaciones y documentos que la Administración Tributaria obtenga por cualquier medio, tendrán carácter reservado y solo serán comunicadas a la autoridad judicial o a cualquier otra autoridad en los casos que establezcan las leyes. El uso indebido de la información reservada dará lugar a la aplicación de las sanciones respectivas.*
Parágrafo Único: Las informaciones relativas a la identidad de los terceros independientes en operaciones comparables y la información de los comparables utilizados para motivar los acuerdos anticipados de precios de transferencia, sólo podrán ser reveladas por la Administración Tributaria a la autoridad judicial que conozca del recurso contencioso tributario interpuesto contra el acto administrativo de determinación que involucre el uso de tal información".

139[28] "eiusdem" garantizan la privacidad de las informaciones y documentos),el **Derecho Humano a la Participación en la Fase Constitutiva o Formativa del Acto Administrativo** (garantizado con la notificación exigida por el artículo 178[29] del COT), el **Derecho Humano a la Impugnación** o **Derecho a la Participación en la Fase de Revisión o Impugnatoria del Acto Administrativo** (regulado por el artículo 242[30] del COT) y, privilegiadamente, el **Derecho Humano a Promover y Hacer Evacuar Pruebas** para la mejor tutela de sus derechos e intereses, con su adicional **Derecho Humano Instrumental a que la Administración Aprecie las Pruebas Promovidas y Evacuadas.**

Hemos hablado aquí de "administrados" y no de "contribuyentes" (o responsables tributarios), porque entendemos que no sólo los contribuyentes pueden verse implicados en un procedimiento administrativo tributario. Puede ser que el objeto de la contención sea justamente la calificación errónea de contribuyente adjudicada a alguien en cuanto al cual no se ha dado el hecho imponible. En efecto, este procedimiento administrativo especial tiende a la determinación de la existencia del hecho imponible o su inexistencia, caso este último en el que no habrá contribuyente. Este es el caso típico de las firmas dedicadas al ejercicio profesional de la ingeniería

---

28 *"Los funcionarios de la Administración Tributaria y las entidades a las que se refieren los numerales 10 y 11 del artículo 121 de este Código, estarán obligados a guardar reserva en lo concerniente a las informaciones y datos suministrados por los contribuyentes, responsables y terceros, así como los obtenidos en uso de sus facultades legales, sin perjuicio de lo establecido en el artículo 126 de este Código".*

29 *"Toda fiscalización, a excepción de lo previsto en el artículo 180 de este Código, se iniciará con una providencia de la Administración Tributaria del domicilio del sujeto pasivo, en la que se indicará con toda precisión el contribuyente o responsable, tributos, períodos y, en su caso, los elementos constitutivos de la base imponible a fiscalizar, identificación de los funcionarios actuantes, así como cualquier otra información que permita individualizar las actuaciones fiscales.*
La providencia a la que se refiere el encabezamiento de este artículo, deberá notificarse al contribuyente o responsable, y autorizará a los funcionarios de la Administración Tributaria en ella señalados al ejercicio de las facultades de fiscalización previstas en este Código y demás disposiciones de carácter tributario, sin que pueda exigirse el cumplimiento de requisitos adicionales para la validez de su actuación".

30 *"Los actos de la Administración Tributaria de efectos particulares, que determinen tributos, apliquen sanciones o afecten en cualquier forma los derechos de los administrados, podrán ser impugnados por quien tenga interés legítimo, personal y directo mediante la interposición del recurso jerárquico regulado en este Capítulo".*

o de la contaduría, que han debido demostrar su condición de no contribuyentes del Impuesto Municipal a las Actividades Económicas, generando mucha actividad litigiosa, en sedes administrativa y judicial, y abundante jurisprudencia favorable, incluso anulatoria de ordenanzas municipales por parte de la Sala Constitucional del Tribunal Supremo de Justicia. Además, técnicamente el agente de retención o percepción, aunque responsable del pago del tributo, no es el contribuyente bajo esa condición.

Y, por lo que se refiere a los principios sustanciales y formales que rigen el procedimiento administrativo tributario, igualmente no hay diferencia con los ya estudiados, en el campo del procedimiento administrativo general, que con idéntica fuerza rigen en esencia aquí. Veamos.

En primer lugar, se remarca la incuestionable vigencia del principio rector de todo procedimiento administrativo general o especial: el **Principio "Audire Alteram Partem"** o **Principio del Contradictorio**. Y, asimismo, se presenta aquí también la aplicación ineluctable del **Deber de Motivación** (artículos 183[31] y 191[32] del COT) y del **Principio de Globalidad (o de Exhaustividad) de la Decisión Administrativa** (artículo 191[33] del COT).

---

31 *"Finalizada la fiscalización se levantará un Acta de Reparo la cual contendrá, entre otros, los siguientes requisitos: ...*
c) Indicación del tributo, períodos fiscales correspondientes y, en su caso, los elementos fiscalizados de la base imponible.
d) Hechos u omisiones constatados y métodos aplicados en la fiscalización...
f) Elementos que presupongan la existencia de ilícitos sancionados con pena restrictiva de libertad, si los hubiere...".

32 *"El Sumario culminará con una resolución en la que se determinará si procediere o no la obligación tributaria, se señalará en forma circunstanciada el ilícito que se imputa, se aplicará la sanción pecuniaria que corresponda y se intimarán los pagos que fueren procedentes.*
La resolución deberá contener los siguientes requisitos: ...
3. Indicación del tributo, período fiscal correspondiente y, en su caso, los elementos fiscalizados de la base imponible.
4. Hechos u omisiones constatados y métodos aplicados a la fiscalización.
5. Apreciación de las pruebas y de las defensas alegadas.
6. Fundamentos de la decisión...".

33 *"...La resolución deberá contener los siguientes requisitos: ... 5. Apreciación de las pruebas y de las defensas alegadas...".*

En segundo lugar, de capital importancia aparece, con mayor énfasis en la actividad administrativa tributaria, el **Principio de Actuación de Oficio, Principio de Oficialidad** o **Principio Inquisitivo**, previsto, en cuanto a la fase constitutiva o formativa del acto administrativo o procedimiento administrativo de primer grado se refiere, en el artículo 160 del COT, norma que impone el deber del impulso procesal a la Administración Tributaria, en estos términos:

"La Administración Tributaria impulsará de oficio el procedimiento y podrá acordar, en cualquier momento, la práctica de las pruebas que estime necesarias".

Al respecto, en referencia a esta norma misma, cuando estaba en el artículo 141 del COT anterior, la Sentencia Nro. 032/2011 del 12 de abril de 2011, dictada por el Juzgado Superior Noveno de lo Contencioso Tributario, caso: Intersan Puerto La Cruz, S.A. vs. SENIAT (consultada en original) precisó, con resaltado del autor:

*"Así este Tribunal aprecia que efectivamente de conformidad con el Artículo 69 del Código Orgánico Tributario la Administración Tributaria en el procedimiento sumario "...deberá comprobar de oficio la verdad de hechos y demás elementos de juicio necesarios para el esclarecimiento del asunto...", lo cual interpretado en forma concordante con el Artículo 141 del Código Orgánico Tributario aplicable, **permite perfectamente que la autoridad administrativa acuerde de oficio la práctica de las pruebas que estime necesarias".***

Este mismo principio, en relación a la fase de revisión o impugnatoria del acto administrativo o procedimiento administrativo de segundo grado, está consagrado en los artículos 251 y 252 del COT, así:

"La Administración Tributaria podrá practicar todas las diligencias de investigación que considere necesarias para el esclarecimiento de los hechos y llevará los resultados al expediente. Dicha Administración está obligada también a incorporar al expediente los elementos de juicio de que disponga.

A tal efecto, una vez admitido el recurso jerárquico, se abrirá un lapso probatorio, el cual será fijado de acuerdo con la importancia y complejidad de cada caso y no podrá ser inferior a quince (15) días hábiles, prorrogables por el mismo término según la complejidad de las pruebas a ser evacuadas.

Se prescindirá de la apertura del lapso para evacuación de pruebas en los asuntos de y cuando el recurrente no haya anunciado, aportado o promovido pruebas".

"La Administración Tributaria podrá solicitar del propio contribuyente o de su representante, así como de entidades y de particulares, dentro del lapso para decidir, las informaciones adicionales que juzgue necesarias, requerir la exhibición de libros y registros y demás documentos relacionados con la materia objeto del recurso y exigir la ampliación o complementación de las pruebas presentadas, si así lo estimare necesario".

Y, como fuente de obtención de información probatoria, el artículo 123 del COT expresa que:

"Los hechos que conozca la Administración Tributaria con motivo del ejercicio de las facultades previstas en este Código o en otras leyes y disposiciones de carácter tributario, o bien consten en los expedientes, documentos o registros que lleven o tengan en su poder, podrán ser utilizados para fundamentar sus actos y los de cualquier otra autoridad u organismo competente en materia tributaria.

Igualmente para fundamentar sus actos, la Administración Tributaria podrá utilizar documentos, registros y en general cualquier información suministrada por administraciones tributarias extranjeras".

De similar forma a lo que acontece con el procedimiento administrativo general, en el procedimiento administrativo especial tributario, estos dispositivos se complementan con la aplicación del **Principio de Investigación de la Verdad Real**: La decisión administrativa debe responder a la auténtica verdad, aún en contra de la posición de la Administración Tributaria, no pudiendo encontrar justificación en la llamada verdad procesal, es decir, aquella que emerge del expediente pudiendo no tener relación alguna con la realidad. Este principio se encuentra reforzado, en lo tributario, por el conocido **Principio de Realidad Económica**.

Empero, si la verdad real emerge de cuanto conste en el expediente administrativo y así puede ser justificado, se hace de suyo innecesario que las autoridades sustanciadoras del procedimiento administrativo se dediquen superfluamente a hacer evacuar medios probatorios adicionales. De ese modo lo ha sostenido la jurisprudencia, por ejemplo en la Sentencia del 7 de julio de 2011, dictada por la Corte Primera de lo Contencioso Administrativo, con ponencia del Magistrado Enrique Sánchez, caso: Lenín Misle vs. Ministerio de Educación, Cultura y Deportes (consultada en original), con resaltado del autor:

> *"De modo que al constatarse que el iudex sólo consideró que "… la Administración en cumplimiento de su deber de averiguar la verdad por todos los medios debió haber procedido a ordenar la evacuación de las referidas pruebas de testigos, inspección judicial y exhibición de documentos, prometidas (sic) por el recurrente dentro del respectivo lapso probatorio, en razón de lo cual entiende este Jugador que **la falta de evacuación de las referidas pruebas constituyo (sic) una indefensión para el recurrente y consecuencialmente la vulneración a su derecho a la defensa**, toda vez que las mismas eran fundamentales, conforme a lo señalado por el actor, a los fines de probar su asistencia al trabajo, que no había sido objeto de amonestaciones o de otros procedimientos disciplinarios, que efectivamente habían culminado oportunamente todos y cada uno de los trabajos o proyectos asignados…", sin valorar en modo alguno todas las pruebas relativas al procedimiento administrativo disciplinario que cursan en el expediente y llevaron a la destitución de la parte recurrente, configurándose en consecuencia el vicio de incongruencia negativa".*

En provecho de la vigencia efectiva de este importante principio, también rigen al procedimiento administrativo tributario el **Principio de Certeza**[34], el **Principio de Objetividad**, el **Princi-**

---

34 Como principio rector de la actividad fiscalizadora, los funcionarios deben agotar los recursos a su alcance para determinar con precisión, sobre datos ciertos y veraces, la renta imponible de

pio de Imparcialidad[35] y el **Principio de Inmediación**, reforzados igualmente por el **Principio "in dubio pro administrado"**, que en el dominio del Derecho Tributario se denomina **Principio "in dubio contra fiscum"**[36]: Si hay dudas, si no existe plena prueba de la ocurrencia del hecho imponible y sobre el quantum de la obligación tributaria (salvo los supuestos excepcionales de determinación presuntiva de oficio, acorde con los artículos 131.2 y siguientes del COT), la Administración Tributaria no puede afectar los derechos e intereses de los contribuyentes, con una decisión, providencia o acto administrativo que, según el artículo 242 del COT, determine tributos, aplique sanciones o atente de cualquier otra forma contra tales derechos e intereses .

Así, también aquí, y consideramos que con superior justificación teleológica que en la actividad administrativa general, la Administración Tributaria, en la fase constitutiva o de formación del acto administrativo de contenido tributario, sin perjuicio de la actividad probatoria del administrado, tiene la **Carga de la Prueba** u **"Onus Probandi"**[37], pues, *"la posición del contribuyente en el proceso tributario en relación con la prueba, es negativa: su tendencia es la de demostrar que no está obligado fiscalmente o que lo está en forma distinta o en cuantía inferior. El Estado se coloca en situación positiva, y por lo*

---

los contribuyentes, teniendo siempre presente que su misión es la de fijar en sus justos límites, la capacidad contributiva de aquellos. Véase Sentencia del 24 de enero de 1996 de la Sala Político Administrativa de la entonces Corte Suprema de Justicia, con ponencia de la Magistrada Conjuez Ilse van der Velde Hedderich, caso: Banco Unión, C.A., Jurisprudencia de la Corte Suprema de Justicia, Repertorio Mensual de Jurisprudencia del Dr. Oscar Pierre Tapia, Año XXII, Tomo N° 1, Caracas, enero de 1995, pp. 135 6 136.

35 Para Luís Perezagua Clamagirand, "La Prueba en el Derecho Tributario" (p. 112): *"...la Administración en general dará un valor equitativo y justo a las pruebas que ante ella se hacen valer, pues no existe ningún interés personal contrapuesto entre la Administración y administrado...".*

36 Para Alejandro Ramírez Cardona, "El Proceso Tributario" (p. 208): *"...consecuente con el principio general del derecho tributario del in dubium contra fiscum: la duda debe resolverse en contra del fisco, o, en otros términos, en favor del contribuyente".*

37 Para Luís Perezagua Clamagirand, op. cit. (p. 105): *"...el funcionario encargado...no puede arbitrariamente concretar la medida de la obligación tributaria, y ni siquiera la existencia del hecho imponible sin antes probar la existencia de la misma y sus límites, en primer lugar al propio contribuyente visitado, y en segundo lugar, en caso de disconformidad, al órgano administrativo encargado de la resolución de la situación conflictiva en la fase de gestión tributaria o netamente administrativa...".*

tanto contraria: demostrar que el contribuyente sí está obligado a pagar el impuesto, que lo está en forma diferente o en cuantía superior".

No obstante, ciertamente, por regla, *"tanto la negación de un hecho como su afirmación, debe probarse por quien alega...*(por lo que se) *atribuye la carga de la prueba al contribuyente, respecto de los errores que alegue haber cometido en su declaración de renta o adiciones oportunas, y los hechos en que funde los recursos intentados contra las liquidaciones y providencias"*[38]. Claro que hay supuestos de traslado de la Carga de la Prueba, ya aceptados por la jurisprudencia, como ocurre con las denuncias de incompetencia funcionarial, ausencia de notificación de la providencia de inicio u otros actos administrativos de trámite o definitivos, carencia o irregularidad del expediente administrativo, etc., formuladas por el administrado, donde el "Onus Probandi" incumbe a (o recae sobre) la Administración Tributaria[39].

Lo anterior, en el Derecho Tributario Sustantivo concretamente, se encuentra particularmente expresado por el ya evocado **Principio de Realidad Económica**, que exige que, lejos de las formas jurídicas diversas que puedan revestir las operaciones efectuadas por el contribuyente, lo que interesa, y la Administración Tributaria debe probarlo, es la correcta precisión de su verdadera naturaleza y consecuencias económicas, según lo preceptuado por el artículo 16[40] del COT.

---

38   Alejandro Ramírez Cardona, op. cit. (p. 201).

39   En la Sentencia Nro. 1903 del 18 de abril de 2013, dictada por el Juzgado Superior Primero de lo Contencioso Tributario, caso: Seguros Lara, C.A. vs. Municipio Chacao del Estado Miranda (consultada en original), se lee: *"...alegada la incompetencia de la Directora de Recaudación... para autorizar al funcionario que inició el ... procedimiento de fiscalización ..., estima este Órgano Jurisdiccional, en sintonía con el criterio señalado por la Sala Político Administrativa del Tribunal Supremo de Justicia en su fallo Nro. 04233 de fecha 16 de junio de 2005, caso: Manufacturers Hannover Trust Company, que correspondía a la Administración Tributaria Municipal en el presente juicio contencioso tributario, consignar las pruebas necesarias para demostrar su competencia.*

En tal sentido, e Tribunal observa de los documentos insertos en el expediente, que la representación judicial del Fisco Municipal no aportó elemento probatorio alguno para sustentar la competencia de la funcionaria que emitió la autorización ... teniendo las oportunidades procesales para hacerlo".

40   *"Cuando la norma relativa al hecho imponible se refiera a situaciones definidas por otras ramas jurídicas, sin remitirse o apartarse expresamente de ellas, el intérprete puede asignarle el significado que más se adapte a la realidad considerada por la ley al crear el tributo.*

Así, nuevamente ratificamos, como lo hicimos en cuanto al régimen legal aplicable al procedimiento administrativo general, la existencia, como derecho del administrado, de una presunción de veracidad en su favor, antes del dictado del acto administrativo (nos referimos tanto al Acta de Reparo como a la Resolución Culminatoria del Sumario Administrativo a que se contraen los artículos 183 y 191 del COT respectivamente), que debe ser desvirtuada por el órgano administrativo sustanciador, para poder afectar lícitamente su esfera jurídica subjetiva, como consecuencia, por una parte, del **Principio General de Buena Fe**, previsto en el derecho administrativo general en los artículos 10[41] del Decreto con Rango, Valor y Fuerza de Ley Orgánica de la Administración Pública[42] y 5[43], 23[44] y 27[45]del Decreto con Rango, Valor y Fuerza de Ley de Simplificación de Trámites Administrativos[46], y en el derecho tributario en el

---

Al calificar los actos o situaciones que configuren los hechos imponibles, la Administración Tributaria, conforme al procedimiento de fiscalización y determinación previsto en este Código, podrá desconocer la constitución de sociedades, la celebración de contratos y, en general, la adopción de formas y procedimientos jurídicos, cuando éstos sean manifiestamente inapropiados a la realidad económica perseguida por los contribuyentes y ello se traduzca en una disminución de la cuantía de las obligaciones tributarias.

Parágrafo Único: Las decisiones que la administración tributaria adopte conforme a esta disposición sólo tendrán aplicaciones tributarias y en nada afectarán las relaciones jurídicas-privadas de las partes intervinientes o de terceros distintos del fisco".

41 *"La actividad de la Administración Pública se desarrollará con base en los principios de economía, celeridad, simplicidad, rendición de cuentas, eficacia, eficiencia, proporcionalidad, oportunidad, objetividad, imparcialidad, participación, honestidad, accesibilidad, uniformidad, modernidad, transparencia, <u>buena fe</u>, paralelismo de la forma y responsabilidad en el ejercicio de la misma, con sometimiento pleno a la ley y al derecho, y con supresión de las formalidades no esenciales".*

42 Publicado en la Gaceta Oficial Extraordinaria Nro. 5.890 del 31 de julio de 2008, bajo el Nro. 6.217.

43 *"La simplificación de trámites administrativos se fundamenta en los principios de simplicidad, transparencia, celeridad, eficacia, eficiencia, rendición de cuentas, solidaridad, <u>presunción de buena fe del interesado o interesada</u>, responsabilidad en el ejercicio de la función pública, desconcentración en la toma de decisiones por parte de los órganos de dirección y su actuación debe estar dirigida al servicio de las personas".*

44 *"De acuerdo con la presunción de buena fe, en todas las actuaciones que se realicen ante la Administración Pública, <u>se tomará como cierta la declaración de las personas interesadas, salvo prueba en contrario</u>".*

45 *"Los órganos y entes de la Administración Pública se abstendrán de exigir algún tipo de prueba para hechos que no hayan sido controvertidos, pues <u>mientras no se demuestre lo contrario, se presume cierta la información declarada o proporcionada por la persona interesada</u> en su solicitud o reclamación".*

46 Publicado en la Gaceta Oficial Extraordinaria Nro. 5.891 del 31 de julio de 2008, bajo el Nro. 6.265.

artículo 147[47] del COT; y, por la otra parte, de la **Presunción Constitucional de Inocencia**, que como elemento integrante del Derecho Humano al Debido Proceso ya vimos que la consagra explícitamente el artículo 49 de la Constitución de 1999.

Desde esta perspectiva, en lo concerniente a la idea de la Presunción Constitucional de Inocencia se observa en la jurisprudencia el correcto criterio en su entendimiento y alcance, como queda de manifiesto en la Sentencia Nro. 059/2007 del 11 de abril de 2007, dictada por el Juzgado Superior Noveno de lo Contencioso Tributario, caso: Corporación Delcop, C.A. vs. Contraloría General de la República (consultada en original), con resaltado del autor:

> *"Con respecto a las atenuantes conforme al Artículo 85 del Código Orgánico Tributario de 1994, este Tribunal aprecia que **el ente contralor no hizo las investigaciones de rigor para apreciar la procedencia de alguna de ellas, por lo que partiendo del principio de presunción de inocencia**, así como el principio procesal mediante el cual se deben traer a los autos todos los medios probatorios que justifiquen la conducta de la Administración para aplicar o no una determinada norma, sea con base al expediente administrativo o por pruebas promovidas durante el proceso, este Tribunal considera aplicables las atenuantes 2 y 4 del Artículo 85 del Código Orgánico Tributario de 1994, en el caso de que no operase eximente alguna".*

En tercer lugar, el **Principio de Informalismo o de Antiformalismo**, garantía de obtención de la verdad material, nos llama la atención para tener presente la completa aplicación de sus postulados, tal como expresados en cuanto al procedimiento administrativo general.

Así, según el artículo 158 del COT, salvo que se trate de asuntos de mero derecho[48], habrá un término de prueba que será fijado por

---

47 *"Las declaraciones o manifestaciones que se formulen se presumen fiel reflejo de la verdad...".*

48 Aunque hoy en día se tiende a desdibujar esa tradicional diferenciación entre hechos simples y normas pretendidamente desnudadas de consideraciones fácticas. Así, Manuel Atienza, "Tras la Justicia. Una Introducción al Derecho y al Razonamiento Jurídico" (pp. 26 y 28): *"Este dato*

la Administración Tributaria, de acuerdo con la importancia y complejidad de cada caso, no pudiendo ser inferior a diez (10) días hábiles, asunto que en cuanto al "Sumario Administrativo" es regulado por el artículo 189 del COT, en el sentido de preverse la apertura de un lapso para que el interesado evacue las pruebas promovidas, pudiendo la Administración Tributaria evacuar las que considere pertinentes, de quince (15) días hábiles, pudiéndose prorrogar por un período igual, y por lo que atañe al recurso jerárquico, el dispositivo del artículo 251 del COT establece que una vez admitido el recurso se abrirá un lapso probatorio, fijado de acuerdo con la importancia y complejidad de cada caso, no pudiendo ser inferior a quince (15) días hábiles, prorrogables por el mismo término, también según la complejidad de las pruebas a ser evacuadas.

El Informalismo (o mejor aún, el Antiformalismo, como vimos lo califica el tratadista administrativista Rafael Entrena Cuesta), como característica propia de todo procedimiento administrativo, distintivas del proceso judicial, es trascendental en la materia probatoria pues, de existir el mecanismo preclusivo, el administrado y, por qué no, también la Administración Pública, se verían imposibilitados de promover y hacer evacuar pruebas o de traer elementos de juicio al expediente administrativo fuera de los lapsos, en ese caso rigurosos, de ley, con grave perjuicio a la vigencia del Principio de Investigación de la Verdad Real y del Principio de Realidad Económica, cosa que podría igualmente incidir negativamente en cuanto a la vigencia efectiva del Principio Constitucional de Capacidad Contributiva.

Es menester admitir que, dado el informalismo o antiformalismo, la finalidad del establecimiento de lapsos probatorios en

---

apunta también a algo sumamente importante: los antecedentes de hecho y los fundamentos de Derecho no pueden en realidad separarse de una manera tajante. En el Derecho -...- no hay propiamente hechos brutos, sino hechos interpretados a través de las normas (...). Pero además, en el Derecho (...) sólo cuentan como hechos los que puedan pasar el filtro de las reglas de presunción racional como el de las reglas procesales de valoración de la prueba. Algo puede valer como un hecho de nuestra experiencia, pero sin embargo no servir como un hecho jurídico... Por lo demás, la falta de límites claros entre cuestiones fácticas y normativas hace que la prohibición de volver a considerar los hechos no prive de sentido a instituciones como la casación o el amparo".

las leyes que regulan los procedimientos administrativos, es meramente indicativa, ordenadora y recordatoria de la necesidad de demostrar los alegatos y afirmaciones, por quien tenga la carga probatoria o por quien desee coadyuvar al establecimiento de la verdad real, antes de que se produzca el acto administrativo del caso. Consiste en una iniciativa entonces ordenadora u organizadora del procedimiento administrativo, como garantía del Derecho Humano al Debido Proceso, e incluso del derecho Humano de Petición y Obtención de Oportuna y Adecuada Respuesta, lo que no puede racionalmente llegar a tenerse como tendencia formalizadora o formalizante del procedimiento administrativo, so pena de afectar seriamente su razón de ser.

Así, el tributarista Alejandro Ramírez Cardona, refiriéndose al período de pruebas consagrado en la ley que regulaba los procedimientos administrativos por reclamaciones contra la liquidación del Impuesto Sobre La Renta, tuvo a bien precisar, con subrayado del autor, que:

> *"dicho <u>término no es perentorio</u> para el contribuyente, ya que puede pedir, sustentar y presentar pruebas y alegatos hasta el día anterior a aquel en que se reparta el expediente para proyectar el fallo de fondo"*[49].

Y, esta idea del informalismo o antiformalismo en palabras del tributarista Luís Perezagua Clamagirand, aunque partiendo de ideas superadas acerca de la supuesta distinción no finalista entre procedimiento y proceso, queda expresada categóricamente, en términos más graves, con subrayado del autor, así:

> *"...<u>realmente no existe en el procedimiento administrativo una</u> <u>"fase técnica" de prueba</u>...porque, sencillamente, no hay proceso "técnicamente" y la situación conflictiva que se resuelve se hace utilizando el camino administrativo que no es procesal. Técnicamente -...- habrá que hablar de fase probatoria en un momento ulterior, que*

---

49 Alejandro Ramírez Cardona, op. cit. (p. 136).

es cuando se monta un proceso y este proceso existe cuando hay una Jurisdicción..."[50].

Acorde con las ideas doctrinarias que preceden, nuestra jurisprudencia ha establecido que cuando una ley administrativa consagra un plazo para pruebas, el mismo constituye una garantía para el administrado y no un límite formal al ejercicio de su Derecho Humano a Promover y Hacer Evacuar Pruebas. Decimos que es una garantía para el administrado, por cuanto la Administración Tributaria no puede decidir antes de que ese plazo de pruebas haya concluido. En efecto, del siguiente fallo se desprende que:

"...constituye indefensión la situación en que se coloca al administrado cuando la Ley otorga un plazo de un determinado número de días para presentar alegatos o pruebas, y la Administración los reduce unilateralmente a la mitad o a menos de la mitad..." (Sentencia de la Corte Primera de lo Contencioso Administrativo del 3 de septiembre de 1993, con ponencia del Conjuez José Peña Solis, caso: Rafael A. Jaimes A. vs. Gobernación del Distrito Federal, Revista de Derecho Público, N° 55-56, Editorial Jurídica Venezolana, Caracas, julio-diciembre 1993, p. 202).

En refuerzo de lo anterior, y como vimos lo prevé la ley, en casos de mero derecho la no apertura del lapso probatorio, que obviamente actúa a favor del Principio de Celeridad Procesal y del Principio de Racionalidad, no puede ser tenida como una manifestación del vicio de indefensión por silencio de pruebas, como lo ha dejado establecido la jurisprudencia, por ejemplo en la Sentencia Nro. 179 del 1 de diciembre de 2005, dictada por el Juzgado Superior Noveno de lo Contencioso Tributario, caso: Tecniauto, C.A. vs. Municipio Sucre del Estado Miranda (consultada en original), como sigue:

"En cuanto al silencio de pruebas, segundo de los vicios que, según la representación de la recurrente, afecta al acto recurrido, tenemos que la contribuyente denuncia su existencia con fundamento en que la Administración Tributaria Municipal obvió las pruebas presentadas

---

50 Luís Perezagua Clamagirand, op. cit. (p. 110).

por esta en sede administrativa; y por su parte la Representación Fiscal al negar tal aseveración, enuncia que se respetó el lapso probatorio y fueron valoradas en su Resolución No. 000328 de fecha 08 de julio del 2002.

Sin embargo, crea confusión la mencionada controversia dado que del análisis del escrito de Descargos presentado por la representación de la Sociedad Mercantil Tecniauto C.A., y que consta en el presente expediente, se puede apreciar que todos sus alegatos versan sobre asuntos plasmados en, Ordenanzas del Municipio y resoluciones emanadas de la misma Administración Tributaria del Municipio Sucre del Estado Miranda, razón por la cual no debió abrirse lapso de promoción de pruebas en sede administrativa, de conformidad con el Artículo 189 del Código Orgánico Tributario que señala:

> *Artículo 189: Vencido el plazo dispuesto en el artículo anterior, siempre que el contribuyente o responsable hubiere formulado los descargos, **y no se trate de un asunto de mero derecho**, se abrirá un lapso para que el interesado evacue las pruebas promovidas, pudiendo la Administración Tributaria evacuar las que considere pertinentes. (…)." (Resaltado de este Tribunal).*

Por tal motivo, considera pertinente este juzgador aclarar que, no se aprecia el vicio de silencio de prueba, porque aún contrariando la norma trascrita, no consta haberse abierto tal lapso de promoción de pruebas durante el sumario administrativo, y asimismo no se evidencia de las actas del expediente, que la parte recurrente haya voluntariamente aportado documentos o medios probatorios en el transcurso de dicha etapa, razón por la cual, quien aquí decide, no considera que se violó el Debido Proceso, consagrado en la Carta Magna en sus artículos 49 y 51, pues según se desprende de los autos que constan en el expediente, a la recurrente no le fue violado su Derecho a la Defensa en sede administrativa, ejerciéndolo efectivamente mediante escrito de Descargos, disponiendo del tiempo y medios adecuados para ejercer su defensa, con las debidas garantías y dentro del plazo razonable determinado legalmente, independiente e imparcial establecido con anterioridad.

Entonces, no estando la contribuyente en obligación de aportar prueba alguna, al tratarse de un asunto de mero derecho en sede administrativa, carece de sentido que se discuta la valoración o no de las mismas, por lo cual este juzgado estima improcedente la denuncia sobre el vicio de silencio de pruebas. Así se declara".

Concluyamos los comentarios vinculados con el lapso probatorio con las siguientes reflexiones:

Como pudimos apreciar, la fase probatoria o igualmente el lapso, período o término probatorio, tanto en cuanto al "Sumario Administrativo", como en lo relativo al Recurso Jerárquico, es una eventualidad, pues no existe obligación de abrirlo, en principio, para el ente administrativo sustanciador y decisor.

Esto es de esta forma, en razón de que su apertura depende íntegramente de ciertas circunstancias casuísticas, como que se ventilen asuntos controvertidos de hecho (no siendo suficiente cuanto conste en el expediente administrativo, o que el descargante o recurrente lo pida, o, en fin, que de acuerdo a las características y complejidad del asunto el ente administrativo en conocimiento lo estime necesario.

En este sentido, se pueden dar las siguientes situaciones:

a) Si existe petición específica del descargante o recurrente y el ente administrativo sustanciador decide no proceder a la apertura de lapso probatorio, indefectiblemente se producirá una lesión intolerable al Derecho Humano al Debido Proceso, por indefensión.

b) Si no hubo la solicitud del descargante o recurrente, y tampoco el ente administrativo sustanciador procedió a la apertura de oficio del lapso probatorio, es porque ambas partes consideraron suficientes las pruebas presentes en el expediente administrativo, o que se trataba de un tema de mero derecho (conocido), por lo que por ese sólo aspecto procedimental no habría habido lesión al Derecho Humano al Debido Proceso.

c) Si no hubo la solicitud del descargante o recurrente, y el organismo administrativo sin embargo procede de oficio a la apertura del lapso probatorio, es menester entender que el ente administrativo sustanciador y decisor estimó que existían aspectos fácticos que habían de ser esclarecidos, estando entonces, en virtud del Derecho Humano a la Información y del Principio de Transparencia, en el deber de indicar los hechos y detalles en cuestión, de modo que el descargante o recurrente, sin perjuicio de la actividad probatoria del ente, pueda también desarrollar actividad probatoria al respecto.

De haber habido tal indicación en el correspondiente oficio de notificación de la apertura del lapso probatorio, no se habría violado el Derecho a la Información del administrado, ni su Derecho Humano a Promover y Hacer Evacuar Pruebas, quien habrá podido defenderse.

d) Empero, si en el supuesto anterior el ente administrativo sustanciador de oficio ordenó la apertura de un lapso probatorio no pedido por el administrado, pero e la respectiva providencia no indicó los hechos y detalles que asumió como necesitados de esclarecimiento probatorio, tenemos que acorde con el Principio de Racionalidad habría que entender que es el propio ente administrativo quien habría tenido que evacuar pruebas adicionales, no habiendo carga alguna para el administrado, más allá de su obligación general de colaborar con lo que se le pida, en busca de la verdad real.

En otras palabras, mal podría en justicia el ente administrativo sustanciador proceder de ese modo, es decir, con la apertura de oficio de un lapso probatorio no pedido por el descargante o recurrente, para luego no llevar a cabo actividad probatoria alguna, y luego pretender en su decisión (como lamentablemente ocurre mucho con e cuestionable actuar de ciertas administraciones tributarias municipales), que se ratifica pura y simplemente el reclamo fiscal *en vista de que el administrado nada probó durante el lapso probatorio abierto de oficio*.

Obviamente, se trata en esos casos de una actuación abusiva y arbitraria lesiva del Derecho Humano al Debido Proceso a varios títulos, como la vulneración del procedimiento legalmente establecido, la burla del Principio de Celeridad Procesal, como del Derecho Humano a la Información, del Principio de Transparencia, a más de haber fraude a la ley, con evidencia de total desinterés por la búsqueda de la verdad real.

A la postre se perseguiría con semejante conducta procedimental, obtener un argumento formal para decidir en contra de los intereses y derechos del administrado, sin entrar a debatir el fondo de la controversia, lo que nos hace pensar en un supuesto de desviación de poder "sui generis", pues no se busca el establecimiento de la verdad real, aunque tampoco un beneficio ilegítimo personal para el funcionario administrativo o un tercero, sino una recaudación tributaria injustificada legamente hablando.

En cuarto lugar, el **Principio de Flexibilidad Probatoria** o **Principio de Libertad Probatoria**, consagrado en el artículo 156 del COT, bajo un esquema de prueba libre y un sistema de prueba legal, supone que:

"Podrán invocarse todos los medios de prueba admitidos en derecho, con excepción del juramento y de la confesión de empleados públicos cuando ella implique prueba confesional de la Administración".

De este modo, tenemos que son admisibles los medios de prueba previstos en el Código Civil (documentos - donde destacan los asientos contables, los comprobantes y las facturas[51], a más de contratos, notas de entrega, actas mercantiles, formularios de declaración impositiva, planillas de pago, copias selladas de escritos

---

51 Sobre la libertad probatoria y particularmente el uso de las facturas, véase Sentencia N° 501 del 18 de julio de 1996 de la Sala Político Administrativa de la otrora Corte Suprema de Justicia, con ponencia de la Magistrada Hildegard Rondón de Sansó, caso: Ramírez Salaverría, C.A. (Ramisala), Jurisprudencia de la Corte Suprema de Justicia, Repertorio Mensual de Jurisprudencia del Dr. Oscar Pierre Tapia, Año XXIII, Tomo N° 7, Caracas, julio de 1996, pp. 131 a 134.

consignados ante las autoridades tributarias competentes, expedientes administrativos y demás documentos administrativos, etc.-, testigos, indicios y presunciones, confesión y juramento -salvo de la Administración Pública-, experticia e inspección extrajudicial) y ampliados por el Código de Procedimiento Civil (con las reproducciones, copias, experimentos y variantes de la prueba documental, como la exhibición y los informes de terceros, además de los consagrados en otras leyes de la República, como por ejemplo el mismo COT en cuanto concierne a las probanzas electrónicas o informáticas[52], y todos los no expresamente prohibidos por ley[53].

A pesar de este convencimiento generalizado, es el caso que el tributarista José Rafael Márquez[54] opina que:

---

52 Artículo 122: ""*Los documentos que emita la Administración Tributaria en cumplimiento de las facultades previstas en este Código o en otras leyes y disposiciones de carácter tributario, podrán ser elaborados mediante sistemas informáticos y se reputarán legítimos y válidos, salvo prueba en contrario.*

La validez de dichos documentos se perfeccionará siempre que contenga los datos e información necesarios para la acertada compresión de su origen y contenido, y contengan el facsímil de la firma u otro mecanismo de identificación del funcionario, que al efecto determine la Administración Tributaria.

Las copias o reproducciones de documentos, obtenidas por los sistemas informáticos que posea la Administración Tributaria, tienen el mismo valor probatorio que los originales, sin necesidad de cotejo con éstos, en tanto no sean objetadas por el interesado.

En todos los casos, la documentación que se emita por la aplicación de sistemas informáticos deberá estar respaldada por los documentos que la originaron, los cuales serán conservados por la Administración Tributaria, hasta que hayan transcurrido dos (2) años posteriores a la fecha de vencimiento del lapso de la prescripción de la obligación tributaria. La conservación de estos documentos se realizará con los medios que determinen las leyes especiales en la materia".

Artículo 125: "*La Administración Tributaria podrá utilizar medios electrónicos o magnéticos para recibir, notificar e intercambiar documentos, declaraciones, pagos o actos administrativos y en general cualquier información. A tal efecto, se tendrá como válida en los procesos administrativos, contenciosos o ejecutivos, la certificación que de tales documentos, declaraciones, pagos o actos administrativos, realice la Administración Tributaria, siempre que demuestre que la recepción, notificación o intercambio de los mismos se ha efectuado a través de medios electrónicos o magnéticos*".

53 Para Héctor B. Villegas, op. cit. (p. 344): "*Esta prueba, en cuanto a sus medios, debe ser semejante a la procesal...*"; para Alejandro Ramírez Cardona, op. cit. (p. 203): "*Los medios de prueba tributarios son los generales de la ley de procedimiento civil...*"; y, para Luís Perezagua Clamagirand, op. cit. (pp. 135 y 148), todos los medios probatorios de la legislación común son utilizables tanto en fase de gestión, como en fase de revisión.

54 José Rafael Márquez, "Comentarios al Código Orgánico Tributario", Asociación Venezolana de Derecho Tributario, Caracas, 1983 (p. 128), citado en "Código Orgánico Tributario. Reforma 1994", Legislación Económica, C.A. (Lec), Caracas, 1994 (p. 212).

"la prueba de experticia no tiene cabida en el procedimiento administrativo tal como está concebida en el derecho común y presentaría evidentes contradicciones en su aplicación práctica".

No estamos de acuerdo con esta posición. En nuestro criterio, dejando de lado las consideraciones formales sobre la supuesta imposibilidad conceptual (pues ello no es más que una opción normativa y organizativa) de nombrar tres (3) expertos[55], entendemos que nunca puede asimilarse teleológicamente la prueba de experticia a los resultados de las inspecciones realizadas por funcionarios fiscales, que representan sólo a una de las partes, sin que haya existido la posibilidad, para la otra parte, de intervenir y controlar el desarrollo de la prueba. A lo sumo, tales resultados podrían equivaler a una inspección extrajudicial oficiosa. En suma, la experticia, con las adaptaciones que se juzguen necesarias dentro del procedimiento administrativo tributario, es un medio probatorio válido y procedente en sede administrativa[56].

Al contrario de la opinión comentada, gran desarrollo de la prueba de experticia en el procedimiento administrativo tributario hace el tributarista Alejandro Ramírez Cardona, para quien este medio probatorio se hace particularmente necesario cuando se requieren *"conocimientos determinados que escapan al testigo y al funcionario"*[57], debiendo el dictamen pericial someterse a los principios generales de la sana crítica, aunque *"al ser rendido por contadores públicos, es excepcional que pueda desconocerse o desmerecer su valor probatorio, por tratarse de cuestiones técnicas que garantizan su precisión*

---

55 En algunos sistemas legales se prevé que el recurrente o descargante nombre un experto, la Administración nombre otro experto, y esos dos expertos nombren de común acuerdo al tercer experto, para así conformar la terna, por ejemplo.

56 Así lo ha establecido la jurisprudencia, por ejemplo en materia de reclasificación arancelaria Véase Sentencia N° 369 del 18 de junio de 1996 de la Sala Político Administrativa de la antes Corte Suprema de Justicia, con ponencia de la Magistrada Josefina Calcaño de Temeltas, caso: Banco Mercantil, C.A., Expediente N° 7.374, Jurisprudencia de la Corte Suprema de Justicia, Repertorio Mensual de Jurisprudencia del Dr. Oscar Pierre Tapia, Año XXIII, Tomo N° 6, Caracas, junio de 1996, pp. 149 y 150.

57 Alejandro Ramírez Cardona, op. cit. (p. 253).

y certidumbre"[58], y ser presentado dentro del término que señale el funcionario, con posibilidad de prórroga oficiosa o a petición del administrado o del perito[59].

De hecho, el COT incorporó normativa especial al efecto de la regulación de la prueba de experticia en la sede administrativa, en su artículo 157:

> *"Sin perjuicio de lo establecido en el artículo anterior, en los procedimientos tributarios podrán practicarse experticias para la comprobación o apreciación de hechos que exijan conocimientos especiales. A tal efecto deberá indicarse con toda precisión los hechos y elementos que abarcará la experticia y el estudio técnico a realizar.*
>
> *La Administración Tributaria y el interesado, de mutuo acuerdo, procederán a designar a un experto, indicando su nombre y apellido, cédula de identidad, profesión, lugar de su notificación, objeto y límites de la experticia.*
>
> *De no existir acuerdo, cada parte designará su experto y convendrán la designación de un experto adicional de entre una terna propuesta por el colegio o gremio profesional relacionado con la materia objeto de la experticia.*
>
> *El experto o los expertos designados, según sea el caso, deberán manifestar en forma escrita su aceptación y prestar juramento de cumplir cabalmente con las tareas asumidas, debiendo, igualmente, fijar sus honorarios y el tiempo y oportunidad para la realización de la experticia. El dictamen del experto o de los expertos, según el caso, deberá extenderse por escrito, expresando el contenido, motivos y resultados de la experticia.*
>
> *Parágrafo Único: Los costos de la experticia incluyendo los honorarios del experto o los expertos, según sea el caso, correrán por cuenta de la parte que la solicite".*

La posibilidad del uso de la prueba de experticia en la sede administrativa queda de suyo aceptada por la jurisprudencia, incluso para asuntos sustanciados con anterioridad al COT de 2001, como

---

58   Alejandro Ramírez Cardona, op. cit. (p. 255).
59   Alejandro Ramírez Cardona, op. cit. (p. 256).

puede apreciarse en la Sentencia Nro. 032/2011 del 12 de abril de 2011, dictada por el Juzgado Superior Noveno de lo Contencioso Tributario, caso: Intersan Puerto La Cruz, S.A. vs. SENIAT (consultada en original):

"Ahora bien, circunscribiéndonos al caso de autos, puede constatar este Tribunal que la llamada "Experticia Fiscal Contable" tiene su fundamento en el Artículo 141 del Código Orgánico Tributario de 1994, el cual permite a la Administración Tributaria de oficio impulsar el procedimiento y acordar la práctica de las pruebas que estime necesarias. Para el presente caso la Administración Tributaria procedió de oficio, no a solicitud de parte a promover la mencionada prueba.

Ahora bien, queda por determinar la naturaleza de la prueba, puesto que de esta se podrá apreciar si existe la violación a los derechos presuntamente conculcados. Observa quien aquí decide que este tipo de probanzas no son más que la revisión a la determinación previamente realizada por el funcionario fiscal que emite el Acta Fiscal a los fines de otorgar certeza de lo reparado, la cual surge en la fase sumarial para ratificar o enmendar la determinación hecha con anterioridad.

En otras palabras, no es una prueba de experticia conforme al Código de Procedimiento Civil, y por lo tanto la Administración Tributaria no está obligada a cumplir con sus postulados. Por lo tanto no se le ha conculcado a la recurrente el Derecho a la Defensa ni el Debido Procedimiento. Así se declara".

Las únicas pruebas que son inadmisibles, acorde con lo establecido por el artículo 159 del COT, son las pruebas manifiestamente (vale decir burda o groseramente) impertinentes (hay quien habla de la especie de "inconducentes", por no conducir al decisor al conocimiento de la verdad real justificadora de la providencia a tomar) o ilegales, que deberán rechazarse mediante resolución fundada, pudiendo el administrado afectado dejar constancia de su disconformidad, para que sea considerada en la fase de revisión o de impugnación, o procedimiento administrativo de segundo grado.

Acerca de la inadmisibilidad por impertinencia de la prueba promovida en la sede administrativa, en ese caso concreto la prueba de informes de terceros, la citada Sentencia Nro. 032/2011 del 12 de abril de 2011, dictada por el Juzgado Superior Noveno de lo Contencioso Tributario estableció:

"Con respeto al cuarto punto controvertido, la recurrente alega la violación del derecho a la defensa por la no evacuación de la prueba de informes promovida por ella en sede administrativa.

Al respecto aprecia este Tribunal que el objeto de la prueba promovida esta dirigido a comprobar por vía de informes los márgenes de ganancia del sector automotriz durante los años comprendidos desde agosto de 1996 hasta agosto de 2000, lo que se vincula con el argumento de violación al Principio de Capacidad Contributiva analizado precedentemente.

Si bien es cierto, el deber de la Administración Tributaria en el curso del procedimiento sumario comprende evacuar las pruebas que sean promovidas por el contribuyente para su defensa, debe destacarse que las mismas en todo caso deben ser legales y pertinentes; pudiéndose apreciar en el caso concreto que nos ocupa, que la referida prueba no sería idónea para demostrar la capacidad contributiva del recurrente y su puntual afectación negativa producto del acto impugnado en términos de la norma constitucional prenotada y las sentencias que complementan su interpretación, cuyo criterio este Juzgador hizo suyo en los términos precedentes.

Además no hay evidencia en autos de que la prueba haya sido promovida en sede administrativa.

En consecuencia, si bien es cierto que desde una perspectiva general semejante proceder fiscal pudo afectar gravemente el derecho a la defensa y debido proceso del recurrente, en el caso concreto que nos ocupa, luego de un examen minucioso de las actas procesales y específicamente de la prueba controvertida en función del objeto perseguido, se observa que la misma no habría podido generar convicción sobre los hechos alegados en sede administrativa, por cuanto los hechos cuyo informe se requirió a los sujetos que habrían de evacuarla, no aportarían al proceso el elemento individualizador que exige la valoración jurisdiccional del Principio de Capacidad Contributiva en la esfera patrimonial de un sujeto pasivo;

de allí que mal podría declararse la nulidad absoluta del referido acto administrativo por tal motivo. Así se declara".

En quinto lugar, se observa la plena vigencia del **Principio de Libre Apreciación de las Pruebas** o **Principio de Valoración por la Sana Crítica**[60], según el cual, reiteramos, la ley no contempla reglas especiales de valoración o evaluación de los medios probatorios empleados por la propia Administración Pública Tributaria o por los administrados, de modo que, siempre que la prueba sea pertinente y legal, el órgano administrativo competente para el dictado de la providencia habrá de valorarla, evaluarla o ponderarla teniendo por norte, exclusivamente, dentro del marco de la debida proporcionalidad y justicia, su leal saber y entender, tanto en la comprobación de los hechos como en la calificación y apreciación de las pruebas, y sin perder de vista las máximas de experiencia.

Vinculado a esto, no debemos limitarnos al cómo debe la Administración Tributaria valorar las pruebas aportadas o evacuadas por el administrado, sino que hemos de detenernos con hincapié en la idea de que las autoridades tributarias deben simplemente valorar esas pruebas, pues no hacerlo las harían incurrir en el vicio de silencio de pruebas, que lesiona el Derecho Humano al Debido Proceso.

Así, podemos citar la Sentencia Nro. 011/2011 del 4 de febrero de 2011, dictada por el Juzgado Superior Noveno de lo Contencioso Tributario, caso: Ernesto Pérez Ch., C.A. vs. SENIAT (consultada en original), en la cual se dejó constancia de la cabal valoración o consideración de todas las pruebas producidas por el administrado, entre ellas documentales como facturas, guías de despacho, licen-

---

60 Para Alejandro Ramírez Cardona, op. cit. (pp. 204, 205 y 202): *"...se debe calificar la idoneidad de las pruebas de acuerdo con las reglas de la sana crítica", "que depende en definitiva de los principios generales de interpretación y del criterio de los funcionarios, formado a través de las doctrinas y conceptos de la División de Impuestos Nacionales", "quedando a juicio del funcionario su calificación de completa y plena";* y, para Luíz Perezagua Clamagirang, op. cit. (p. 112): *"... no existe ningún precepto que tase la prueba y que la valore, luego libremente la Administración podrá apreciarla como mejor le convenga...".*

cias administrativas sanitarias, testimoniales, informes de terceros y un dictamen pericial, concluyendo:

"Como se puede observar los expertos describieron el producto, pero no le otorgaron cualidades curativas, por lo que no entra dentro del concepto de medicamento: Igual apreciación se le da a las testimoniales y a la prueba de informes.

De igual forma lo apreció la Administración Tributaria, pero llegando a la conclusión que esa actividad está gravada y no está dispensada por la ley que rige el tipo de operaciones, conclusión que es igual a la que arribó el Tribunal, lo cual en ningún momento constituye el vicio de silencio de pruebas. Distinto es valorar una prueba y darle una consecuencia adversa como resultado del silogismo jurídico, a no apreciar el documento probatorio en su totalidad y la Administración Tributaria valoró las pruebas, evidencia de esto es el contenido de las Resoluciones impugnadas, las cuales hacen un análisis de la actividad probatoria, por lo que el Tribunal debe declarar improcedente la denuncia por violación al Derecho a la Defensa por Silencio de Pruebas. Se declara".

Empero, cierto atisbo de establecimiento de pretendida regla de valoración, que habría de ser objeto de seria y dedicada reflexión, se perfila de la confusa letra del artículo 134 del COT, al afirmar que:

"Para determinar tributos o imponer sanciones, la Administración Tributaria podrá tener como ciertos, salvo prueba en contrario, los hechos u omisiones conocidos fehacientemente a través de administraciones tributarias nacionales o extranjeras".

Hechos conocidos fehacientemente (¡!), pero que admiten prueba en contrario??? Y, otra presunción en el campo sancionatorio que olvida la Presunción Constitucional de Inocencia.

Finalmente, en sexto lugar, y por las mismas razones ya expresadas sobre el procedimiento administrativo general, estimamos que no rige el **Principio "Iura Novit Curia"**, por lo que el derecho, en principio, habiendo controversia acerca de su contenido y vigencia, debe ser objeto de prueba.

B. Análisis Crítico de Algunas Figuras Legales en Materia de Pruebas, dentro del Procedimiento Administrativo Tributario.

En esta sección de la segunda parte de la presente obra, nos proponemos efectuar un análisis crítico sobre ciertas figuras o instituciones de nuestro Derecho Tributario Formal, con incidencias en la materia probatoria.

Algunos de estos comentarios se reducirán a la enunciación o descripción de situaciones bastante conocidas, pero otros harán gala de ideas que se nos han presentado con ocasión de nuestro ejercicio profesional y de nuestro desempeño docente, donde desafortunadamente se puede apreciar la indefensión de entrada del contribuyente o responsable o administrado, incluso con apoyo en mecanismos normativos o en cuasi (o seudo) instituciones pretendidas, concebidos por el Legislador, el cual obviamente entonces no representa la voluntad popular soberana (a la que pertenecen los contribuyentes, responsables y administrados) clamorosa de libertad, sino que se pone al servicio del poder; cuando no es la incorrecta y cuestionable (mala) interpretación jurisprudencial la que conduce a esa conclusión. Veamos.

1.- Valor Probatorio de las Declaraciones Impositivas:

Con arreglo a lo previsto en el artículo 147 del COT, **las declaraciones** o manifestaciones que se formulen **"se presumen fiel reflejo de la verdad"**. De esto se deriva la información según la cual, las declaraciones impositivas gozan de una presunción de veracidad, de carácter "juris tantum", en tanto la Administración Tributaria o el contribuyente (por efecto de proceder a su modificación o sustitución), no demuestren su disconformidad con la realidad económica fáctica.

Por otra parte, en cuanto al contribuyente mismo, la jurisprudencia le ha atribuido a la declaración impositiva, el **valor de la prueba confesional**. Así:

"...En este sentido conviene recordar que la jurisprudencia de esta Sala atribuye a las declaraciones de rentas, valor equiparable al de la confesión y que si el declarante incurre en error de derecho, éste puede ser corregido por la Administración a solicitud del interesado, y aún de oficio...pero si el error es de hecho, el contribuyente que pretende destruir la fuerza probatoria de su declaración jurada, tendrá que demostrar, por los medios adecuados, no sólo la existencia de su error, sino también que incurrió en el mismo de buena fe, es decir, porque los elementos de juicio de que disponía le hacían pensar que lo declarado fuera cierto, pues de lo contrario, no se trataría de un error, sino de una falsedad conscientemente cometida, que ni el legislador ni los jueces pueden amparar" (Sentencias de la Sala Político-Administrativa de la entonces Corte Suprema de Justicia del 5 de junio de 1974, del 4 de mayo de 1981, del 30 de junio de 1987 y del 2 de agosto de 1989, "Código Orgánico Tributario. Reforma 1994", Legislación Económica, C.A. Lec, Caracas, 1994, p. 195).

En idéntico sentido, en la doctrina comparada se afirma que:

"...las declaraciones tributarias...tienen jurídicamente el carácter de confesión extrajudicial, y en este sentido son de libre apreciación por parte de la Administración".

Igualmente, se sostiene que:

"La declaración...hace prueba contra su autor, salvo en el caso en que con ella pueda eludirse el cumplimiento de las leyes; por otra parte, no puede dividirse contra el que la hace, salvo cuando se refiera a hechos diferentes, o cuando una parte de ella esté probada por otros medios, o cuando en algún extremo sea contraria a la naturaleza o a las leyes y, finalmente, sólo pierde su eficacia probando que al hacerla se incurrió en error de hecho"[61].

Sin embargo, por lo que respecta a la presunción legal de veracidad de la declaración de rentas, conviene precisar que la misma:

---

61   Luís Perezagua Clamagirand, op. cit. (pp. 118 y 119).

"ampara tanto al contribuyente como al Estado, de manera que corresponde la carga de la prueba contra lo allí consignado bien a aquel, bien a éste"[62].

2.- Valor Probatorio del Expediente Administrativo:

Como sabemos, por disposición del artículo 51[63] de la LOPA, en concordancia con los artículos 31[64] y 59[65] *"eiusdem"* y 151[66] y 179[67] del COT, iniciado el procedimiento administrativo la autoridad administrativa debe proceder, obligatoriamente y sin excepción, a abrir y mantener en un cuerpo único (**Principio de Unidad –y No Desmembramiento- del Expediente Administrativo**) el expediente administrativo en el cual se recogerá, de manera racional y crono-lógica, toda la tramitación a que dé lugar el asunto, al cual tendrán libre acceso los interesados.

Estas normas son una garantía para el ejercicio efectivo del De-recho Humano a la Información y de Acceso a los Documentos Ad-ministrativos, presupuesto del Derecho Humano a la Participación en el Procedimiento Administrativo, tanto en la fase constitutiva o

---

62   Alejandro Ramírez Cardona, op. cit. (p. 200).

63   *"Iniciado el procedimiento se procederá a abrir expediente en el cual se recogera toda la trami-*
       tación a que dé lugar el asunto.
       De las comunicaciones entre las distintas autoridades, así como de las publicaciones y notifica-
       nes que se realicen, se anexara copia al expediente".

64   *"De cada asunto se formará expediente y se mantendrá la unidad de éste y de la decisión res-*
       pectiva, aunque deban intervenir en el procedimiento o icinas de distintos ministerios o institu-
       tos autónomos".

65   *"Los interesados y sus representantes tienen el derecho de examinar en cualquier estado o grado*
       del procedimiento, leer y copiar cualquier documento contenido en el expediente, así como de
       pedir certificación del mismo. Se exceptúan los documentos calificados como confidenciales por
       el superior jerárquico, los cuales serán archivados en cuerpos separados del expediente. La cali-
       ficación de confidencial deberá hacerse mediante acto motivado".

66   *"Los interesados, representantes y los abogados asistentes tendrán acceso a los expedientes y*
       podrán consultarlos sin más exigencia que la comprobación de su identidad y legitimación, salvo
       que se trate de las actuaciones fiscales las cuales tendrán carácter confidencial hasta que se noti-
       fique el Acta de Reparo".

67   *"En toda fiscalización, se abrirá expediente en el que se incorporará la documentación que*
       soporte la actuación de la Administración Tributaria. En dicho expediente se harán constar los
       hechos u omisiones que se hubieren apreciado, y los informes sobre cumplimientos o incumpli-
       mientos de normas tributarias o situación patrimonial del fiscalizado".

formativa o procedimiento administrativo de primer grado, como en la fase de revisión o impugnación del acto administrativo o procedimiento administrativo de segundo grado, y atributo del Derecho Humano Constitucional a la Defensa[68], mejor conceptualizado hoy como Derecho Humano al Debido Proceso en la Constitución de 1999, para evitar las actuaciones ocultas que opacan al Principio Constitucional de Transparencia.

La otrora Corte Suprema de Justicia, en Sala Político-Administrativa, llegó a establecer que:

"...la formación de un expediente cualquiera constituye manifestación del deber de documentación que tiene la Administración, originado en la necesidad de acreditar fehacientemente actos, hechos, actuaciones, etc., según una secuencia lógica de modo, tiempo y manera..." (Sentencia Nro. 480 del 11 de julio de 1996, consultada en original).

Y, en el mismo sentido, la Corte Primera de lo Contencioso Administrativo dejó sentado que:

"...El expediente administrativo constituye un elemento esencial... debe corresponder a un orden cronológico, debidamente foliado, incluir la totalidad de los documentos que afectan al interesado y que la Administración haya iniciado o recibido con relación al mismo" (Sentencia del 19 de marzo de 1987, caso: Gumersindo Ramón Castellano contra el INCE, consultada en original).

Lastimosamente estas normas se encuentran dentro de las más vulneradas por el actuar arbitrario de nuestras administraciones públicas en general (tributarias o no), siendo que en el ámbito tributario suele ocurrir que, desde antes de la consignación de los escri-

---

68 Allan R.Brewer-Carías y Otros, "Ley Orgánica de Procedimientos Administrativos" (p. 46): *"La unidad del expediente, tiene una enorme importancia, pues la Administración no podrá llevar, como sucede con frecuencia, dos o más expedientes sobre un asunto, ubicando en uno de ellos los recaudos que considere que pueden ser vistos por el particular, y ocultando otros que puedan favorecer la petición del interesado. Para que tenga sentido y efectividad el derecho de los administrados de tener acceso al expediente que regula la Ley Orgánica expresamente en su artículo 59, la unidad del expediente es la garantía de ese derecho y del derecho a la defensa".*

tos de descargos y de la interposición de los recursos administrativos, y durante la sustanciación tanto de los "Sumarios Administrativos" como de dichos recursos (e incluso tratándose de los recursos judiciales), no sea posible ejercer el Derecho Humano de Acceso al Expediente Administrativo, a pesar de las múltiples e infructuosas visitas a las dependencias administrativas y de las solicitudes escritas al respecto, en circunstancias que sólo contribuyen con la lesión, además, del **Derecho Humano de Petición y Obtención de Oportuna y Adecuada Respuesta**, previsto en el artículo 51[69] de la Constitución de 1999 y con desarrollo legal en los artículos 9[70] del Decreto con Rango, Valor y Fuerza de Ley Orgánica de la Administración Pública y 153[71] del COT.

En efecto, en la mayoría de los casos, el contribuyente sólo se enfrenta a la inactividad de la Administración Tributaria, ilegal y violatoria de sus derechos humanos constitucionales, con menoscabo del Principio "Audire Altera Partem" o Principio del Contradictorio, lo que afecta los actos administrativos de nulidad absoluta, por carecer de un elemento esencial del procedimiento legalmente establecido, en virtud de lo establecido en el artículo 19, numeral

---

69   *"Toda persona tiene el derecho de representar o dirigir peticiones ante cualquier autoridad, funcionario público o funcionaria pública sobre los asuntos que sean de la competencia de éstos, y a obtener oportuna y adecuada respuesta. Quienes violen este derecho serán sancionados conforme a la ley, pudiendo ser destituidos del cargo respectivo".*

70   *"Las funcionarias y funcionarios de la Administración Pública tienen la obligación de recibir y atender, sin excepción, las peticiones o solicitudes que les formulen las personas, por cualquier medio escrito, oral, telefónico, electrónico o informático; así como de responder oportuna y adecuadamente tales solicitudes, independientemente del derecho que tienen las personas de ejercer los recursos administrativos o judiciales correspondientes, de conformidad con la ley.*
En caso de que una funcionaria o funcionario público se abstenga de recibir las peticiones o solicitudes de las personas, o no de adecuada y oportuna respuesta a las mismas, serán sancionados de conformidad con la ley".

71   *"La Administración Tributaria está obligada a dictar resolución a toda petición planteada por los interesados dentro del plazo de treinta (30) días hábiles contados a partir de la fecha de su presentación, salvo disposición de este Código o de leyes y normas especiales en materia tributaria. Vencido el plazo sin que se dicte resolución, los interesados podrán a su solo arbitrio optar por conceptuar que ha habido decisión denegatoria, en cuyo caso quedan facultados para interponer las acciones y recursos que correspondan.*
Parágrafo Único: El retardo, omisión, distorsión o incumplimiento de cualquier disposición normativa por parte de los funcionarios o empleados de la Administración Tributaria, dará lugar a la imposición de las sanciones disciplinarias, administrativas y penales que correspondan conforme a las leyes respectivas".

4[72] de la LOPA y en el artículo 240, numeral 4[73] del COT, sin perjuicio de lo previsto más trascendentemente, por subsecuente violación del Derecho Humano al Debido Proceso, en el artículo 25 de la Constitución:

"Todo acto dictado en ejercicio del Poder Público que viole o menoscabe los derechos garantizados por esta Constitución y la ley es nulo, y los funcionarios públicos y funcionarias públicas que lo ordenen o ejecuten incurren en responsabilidad penal, civil y administrativa, según los casos, sin que les sirvan de excusa órdenes superiores".

En esta perspectiva, es el caso que no todo "conjunto documental" tenido y/o enviado por la Administración Tributaria a requerimiento de un tribunal, o eventualmente puesto a la vista del administrado peticionante, ha de ser considerado como un expediente administrativo, pues de su examen puede desprenderse la violación sistemática de las reglas legales que rigen la apertura, nomenclatura, foliatura, orden cronológico, sustanciación, unidad, racionalidad y libre acceso del expediente administrativo, por ejemplo, por estar incompletos o desmembrados, carecer de codificación o nomenclatura, de foliatura u orden lógico y de unidad, o haber estado oculto, inaccesible para su debido control.

En este orden de ideas, frente a esa realidad no menos dramática por cotidiana (y de décadas), y dada la tremenda importancia que reviste la apertura y transparente sustanciación del expediente administrativo, siguiendo la moderna **Doctrina del Procedimiento-Garantía**, la jurisprudencia de nuestro país, de manera reiterada y uniforme hizo en su momento (cosa que lastimosamente se ha abandonado en mucho en los últimos tiempos) equivaler la ausencia, la inaccesibilidad o la irregularidad (no unidad, desmembramiento, desorden cronológico, etc.) del expediente administrativo, a la prescindencia total y absoluta del procedimiento legalmente

---

72 *"Los actos de la administración serán absolutamente nulos... Cuando hubieren sido dictados... con prescindencia total y absoluta del procedimiento legalmente establecido".*

73 *"Los actos de la Administración Tributaria serán absolutamente nulos... Cuando hubieren sido dictados... con prescindencia total y absoluta del procedimiento legalmente establecido".*

establecido, sancionada con la nulidad absoluta por la LOPA y el COT, como vimos (por ejemplo: Sentencia del 13 de abril de 1994, caso: Eugenio Barrios vs. Concejo Municipal Guaranito del Estado Portuguesa, Revista de Derecho Público, N° 57-58, Editorial Jurídica Venezolana, Caracas, enero-junio 1994, p. 230).

Ahora bien, en referencia a la materia propiamente probatoria, la jurisprudencia ha puesto de relieve la enorme trascendencia del expediente administrativo al respecto, al precisar que el:

"expediente administrativo... como ha sido pacíficamente sostenido en jurisprudencia de esta Corte, constituye instrumento probatorio de gran importancia... este expediente está incluido dentro del elenco de los medios de prueba de que pueden valerse las partes para la demostración de los hechos alegados..." (Sentencia N° 96-861 de la Corte Primera de lo Contencioso Administrativo del 9 de julio de 1996, con ponencia de la Magistrada Belén Ramírez Landaeta, caso: Francisco Adolfo Sequera Peña, Expediente Nro. 96-17.560, Jurisprudencia de los Tribunales de Última Instancia, Repertorio Mensual de Jurisprudencia del Dr. Oscar Pierre Tapia, Año VII, N° 7, Caracas, julio de 1996, pp. 71 a 73).

Igualmente, en doctrina se ha establecido que:

"Es indispensable, para estimar las pruebas y luego calificarlas, que se encuentren en el respectivo expediente; si no obran en él deben considerarse inexistentes, salvo que el interesado demuestre plenamente que las presentó en tiempo oportuno"[74].

El expediente administrativo es, entonces, un medio de prueba especial, que contiene o debe contener todas y cada una de las pruebas documentales y asientos textuales de otros medios probatorios, como informes periciales y actas de inspección extrajudicial, que han de coadyuvar a formar criterio al funcionario administrativo (y en su momento al juez) encargado de la decisión, pruebas éstas que serán, a su vez, el instrumento que permitirá eva-

---

74 Alejandro Ramírez Cardona, op. cit. (p. 205).

luar si se ha sustanciado legalmente el procedimiento administrativo constitutivo o formativo del acto administrativo o procedimiento administrativo de primer grado, si se ha incurrido en inmotivación o en falso supuesto o no, todo ello a la hora de controlar la legalidad o conformidad a derecho del acto administrativo impugnado, sea con ocasión del "Sumario Administrativo" dentro del procedimiento administrativo constitutivo o formativo o procedimiento administrativo de primer grado, sea en el procedimiento administrativo de revisión o de impugnación o procedimiento administrativo de segundo grado, o en la sede judicial. De allí la necesidad de ejercer, en sede administrativa, el Derecho Humano a Promover y Hacer Evacuar Pruebas, por supuesto con vista irrestricta del expediente administrativo.

La importancia capital que reviste el expediente administrativo como medio probatorio fue destacada de manera admirable en la sentencia del Juzgado Superior Octavo de lo Contencioso Tributario, dictada el 10 de mayo de 2002, caso: Manufacturas Jaydan, C.A. (consultada en original), que estableció que, habiéndose prescindido del procedimiento administrativo legalmente establecido y, en consecuencia, siendo obvia la violación del Derecho Humano al Debido Proceso, en contra de la justiciable, dado que no se le permitió consignar descargos, para cualquier observador, incluso para los ojos de los representantes judiciales del "Fisco Nacional", ese caso nunca debió ser defendido en un proceso judicial.

De esta forma, se ordenó notificar al superior jerárquico de la funcionaria que suscribió el acto administrativo recurrido, a fin de abrir un procedimiento interno, para resarcir a la Republica del perjuicio causado por su conducta, dado que si la República tuvo que pagar costas, eso se debió a la mala práctica de la funcionaria que dictó el acto administrativo con violación del procedimiento administrativo.

Evidentemente, desde el punto de vista si se quiere pedagógico, o moralizador o de control de calidad ética y jurídica de la actividad administrativa, por parte del Poder Judicial, la idea es que sentencias como esta generen cambios en el comportamiento del funcionario público, de modo tal que adecue su actuación a los requerimientos de la Constitución y de la Ley, particularmente en cuanto se refiere al respeto del Derecho Humano al Debido Proceso.

Igualmente, se ha de incidir así en el comportamiento del abogado representante judicial del ente administrativo, para quien, como profesional del derecho que es, no debe ser difícil determinar cuándo se ha violado el derecho por parte de la Administración Tributaria, para entender que esa no será una causa judicial defendible y, entonces, hacer la recomendación respectiva para la revocatoria del acto en la sede administrativa; o, incluso, si se está en presencia de un recurso judicial interpuesto, diligenciar un eventual convenimiento en el juicio.

Por otro lado, desde la perspectiva pragmática del litigante, es interesante recordar el consejo del maestro Agustín Gordillo quien, en sus comentarios orales dentro del marco del Segundo Seminario Internacional de Derecho Administrativo "Allan Randolph Brewer Carías", sobre las "Formas de la Actividad Administrativa", celebrado en Caracas en 1996, habló de la conveniencia de *"prefabricar favorablemente el expediente administrativo, anexando pruebas que luego no son refutadas, pero llegan al Tribunal, por remisión de la propia Administración"*. En concreto aludió a experticias y declaraciones de testigos que, de esta forma, según él, adquirirían la condición y ventaja de la prueba documental.

En ese orden de ideas, la muy importante sentencia del Juzgado Superior Octavo de lo Contencioso Tributario, dictada el 31 de marzo de 2004, caso: Ramón Eduardo Tello Arráiz (consultada en original), descolló claramente el valor probatorio que corresponde al expediente administrativo al afirmar que los documentos que están dentro del expediente administrativo conforman una categoría distinta y autónoma de los documentos públicos y de los documentos privados, particularmente expresando que:

"... los documentos administrativos constituyen una tercera categoría de documentos que por contener una declaración administrativa emanada de un funcionario de la Administración Pública en el ejercicio de sus funciones poseen una presunción de veracidad, legitimidad y autenticidad que es consecuencia del principio de ejecutoriedad y ejecutividad de los actos administrativos.

Por consiguiente, los expedientes o documentos administrativos, al no ser documentos públicos ni privados, ..., constituyen una categoría aparte respecto de la cual resultan aplicables las disposiciones generales del Código de Procedimiento Civil en materia probatoria, esto es, que los mismos deben anunciarse la fase de promoción y producirse en la fase de evacuación.

Se insiste en el hecho de que el momento en que la Administración recurrida puede promover y consignar en juicio el expediente administrativo, según lo determinó la decisión, ..., de la Sala Político-Administrativa de la extinta Corte Suprema de Justicia, debe ser en la fase de promoción de pruebas y en la de evacuación, respectivamente; esto es, dentro del lapso probatorio.

Ello se justifica, además, por el principio de la contradicción de la prueba, el cual implica que la parte contra quien se opone una prueba debe gozar de la oportunidad procesal para conocerla y discutirla; y la oportunidad procesal idónea para ello no es otra que la etapa probatoria. Aunado a ello, se encuentra también el principio de la concentración de la prueba, conforme al cual debe procurarse practicar las pruebas en una misma etapa del proceso, lo que implica el respeto de un necesario equilibrio procesal entre los participantes de un litigio.

Por consiguiente, y conforme a los principios expuestos, resultará ineficaz por extemporáneo un documento o expediente administrativo que no sea presentado en la etapa probatoria del proceso.

Finalmente es digno mencionar que en juicios como el presente, en el que se persigue la nulidad de un reparo fiscal, al tratarse de la revisión de actuaciones administrativas, es la Administración Tributaria la que tiene en su poder la documentación relativa al caso que se juzga. En materia contencioso tributaria se ha admitido la carga efectiva de probar a quienes tienen en sus manos los medios probatorios, aun cuando tenga efecto contra ella misma, así la regla "actori incumbi probatio" tiene límites en su aplicación dentro de los juicios contencioso tributarios, ya que la ausencia de la documentación administrativa la soporta quien pudo procurarla, es decir, la administración recurrida...".

Desde esta perspectiva, tras un análisis bastante riguroso del tema, en definitiva el fallo condena la práctica de los representantes judiciales del ente administrativo, de consignar el expediente administrativo (cuando lo hacen), con ocasión de la presentación del escrito de informes, o incluso con posterioridad a ello, estando ya en estado de sentencia, hasta de segunda instancia, violentando el derecho de la otra parte a ejercer el control de la prueba que ha sido promovida en su contra.

Por otro lado, el Juzgado Superior Octavo de lo Contencioso Tributario, en actuación decimos pedagógica, en ese mismo fallo, conmina al abogado apoderado judicial del "Fisco Nacional":

"a ser más diligente en el ejercicio de sus funciones, ya que la presentación extemporánea por retrasada del expediente administrativo pudiera lesionar los intereses y derechos de su representado en juicio; advirtiéndosele que, de presentarse nuevamente esa situación en cualesquiera de los juicios que cursan ante este Tribunal en los que sea parte el Fisco Nacional y que estén bajo su responsabilidad, se procederá a oficiar al Tribunal Disciplinario del Colegio de Abogados en el cual se encuentre inscrito, a los fines de que se determine la procedencia de las respectivas sanciones disciplinarias".

Lastimosamente la glosa libertaria queda ignorada y menospreciada, cuando en nuestra realidad se ve la arbitrariedad con la que actúan las administraciones tributarias, al no permitir o entorpecer el acceso de los administrados a sus expedientes administrativos, y peor aún al no remitir a los tribunales de justicia los expedientes administrativos requeridos por los jueces[75] (dado el abandono

---

75 Las administraciones públicas desacatan los requerimientos de los jueces, de remisión de los expedientes administrativos, desatendiendo el artículo 11 de la Ley Orgánica de poder Judicial: *"La autoridad requerida por un tribunal que obre en ejercicio de sus atribuciones, <u>debe prestar su concurso sin que le corresponda calificar el fundamento con que se le pida, ni la legalidad o la justicia de la sentencia o decreto que se trate de ejecutar</u>",* así como sus representantes judiciales

por la reciente jurisprudencia de la digna doctrina transcrita en los párrafos anteriores del fallo citado en último lugar), aunado ello (todavía peor) a que los jueces ahora no aplican las sanciones que corresponden por desacato a los funcionarios públicos administrativos desobedientes, y para colmo de males, sustancian los procesos judiciales, incluso dando la razón a la Administración Tributaria, sin que esté probado en autos el cumplimiento del procedimiento administrativo, cuya prueba es el expediente administrativo, no habiendo los representantes judiciales del ente público satisfecho su "Onus Probandi". Jueces alcahueteando la violación por parte de la Administración Pública, del **Principio de Sometimiento Pleno a la Ley y al Derecho** (o Principio de Legalidad Administrativa), postulado de Estado de Derecho, acorde con los artículos 2 y 141 de la Constitución de 1999.

Y, esta vergonzosa realidad se torna aún más gravosa para la sociedad venezolana cuando habiendo habido un avance garantista, al menos meramente normativo formal, el mismo ha sido burlado sistemáticamente por el poder público constituido. Se trata de la constitucionalización del expediente administrativo.

Según el artículo 49 de la Constitución de 1999, el Derecho Humano al Debido Proceso se aplica a todas las actuaciones administrativas, por lo que la defensa es un derecho inviolable en todo estado y grado de la investigación y del proceso, teniendo el inte-

---

hacen lo propio con el artículo 15 de la Ley de Abogados: "*El abogado tiene el deber de ofrecer al cliente el concurso de la cultura y de la técnica que posee; aplicarlas con rectitud de conciencia y esmero en la defensa; ser prudente en el consejo, sereno en la acción, y proceder con lealtad, colaborando con el Juez, en el triunfo de la Justicia*". Obviamente, esas disposiciones legales son desarrollo del Principio de Colaboración de los Poderes, consagrado en el artículo 136 de la Constitución de 1999: "*Cada una de las ramas del Poder Público tiene sus funciones propias, pero los órganos a los que incumbe su ejercicio colaborarán entre sí en la realización de los fines del Estado*".

Letra muerta resulta de este modo el artículo 485 del Código Penal, ubicado en el Título I "De las faltas contra el orden público", Capítulo I "De la desobediencia a la autoridad": "*El que hubiere desobedecido una orden legalmente expedida por la autoridad competente o no haya observado alguna medida legalmente dictada por dicha autoridad e interés de la justicia o de la seguridad o salubridad públicas, será castigado con arresto de cinco a treinta días o multa de veinte a ciento cincuenta bolívares*".

resado el Derecho Humano a Ser Notificado, así como el Derecho Humano a Acceder a las Pruebas y el Derecho Humano a Disponer del Tiempo Necesario y de los Medios para Ejercer su Defensa. En concordancia con estos derechos se destacan los Principios de Participación y de Transparencia, como fundamento de la Administración Pública y justificación de la gestión fiscal, contenidos en los artículos 141 (varias veces citado en la presente obra) y 311 de la misma Constitución, con subrayados del autor:

> *"La Administración Pública está al servicio de los ciudadanos y ciudadanas y se fundamenta en los <u>principios de</u> honestidad, <u>participación</u>, celeridad, eficacia, eficiencia, <u>transparencia</u>, rendición de cuentas y responsabilidad en el ejercicio de la función pública, con sometimiento pleno a la ley y al derecho".*

> *"La gestión fiscal estará regida y será ejecutada con base en <u>principios de</u> eficiencia, solvencia, <u>transparencia</u>, responsabilidad y equilibrio fiscal. Esta debe equilibrarse en el marco plurianual del presupuesto, de manera que los ingresos ordinarios deben ser suficientes para cubrir los gastos ordinarios.*

> *...*

> *Los principios y disposiciones establecidas para la administración económica y financiera nacional, regularán la de los Estados y Municipios en cuanto sean aplicables".*

Por su parte, el artículo 28 constitucional reconoce a todos el Derecho Humano a Acceder a la Información y a los Datos que sobre su persona o bienes consten en registros oficiales, así como de conocer el uso que se haga de los mismos y su finalidad, y de solicitar ante el tribunal competente su actualización, rectificación o destrucción, si fuesen erróneos o afectasen ilegítimamente sus derechos. Asimismo, el artículo 143 dispone que todos tienen el Derecho Humano a Ser Informados por la Administración Pública, sobre el estado de las actuaciones en que estén directamente interesados, y a conocer las resoluciones definitivas que se adopten sobre el particular. Además, tienen el Derecho Humano de Acceso a los Archivos y Registros Administrativos, salvo ciertos casos excepcionales taxativamente establecidos, por los dominios de la defensa nacional, la propiedad intelectual y otros.

Se ha pues constitucionalizado la obligación de que la Administración Pública lleve expedientes administrativos, garantizándose el acceso a los mismos de todos los interesados, para el aseguramiento del ejercicio eficaz del Derecho Humano al Debido Proceso y mediando eventualmente la respectiva acción de amparo constitucional.

Obvia es pues, para terminar con este aspecto de la obra, la inconstitucionalidad de la norma prevista en la parte "in fine" subrayada por el autor, del artículo 151 del COT, por no estar la investigación fiscal dentro de las excepciones constitucionales al principio de transparencia y libre acceso a los expedientes y documentos administrativos de carácter nominativo:

"Los interesados, representantes y los abogados asistentes tendrán acceso a los expedientes y podrán consultarlos sin más exigencia que la comprobación de su identidad y legitimación, salvo que se trate de <u>las actuaciones fiscales</u> las cuales <u>tendrán carácter confidencial hasta que se notifique el Acta de Reparo</u>".

Pero …

Y, por lo que respecta a la norma de reserva de información a que se contrae el artículo 126 del COT, ella debe entenderse, desde la óptica constitucional, como aplicable a terceros pero no al administrado interesado en el procedimiento administrativo tributario:

"Las informaciones y documentos que la Administración Tributaria obtenga por cualquier medio, tendrán carácter reservado y solo serán comunicadas a la autoridad judicial o a cualquier otra autoridad en los casos que establezcan las leyes. El uso indebido de la información reservada dará lugar a la aplicación de las sanciones respectivas".

3.- La Presunción de Veracidad o Legitimidad del Acto Administrativo:

La presunción de veracidad en beneficio de la Administración Pública, posterior a la emisión de una providencia administrativa, rige, bien durante la fase constitutiva o formativa del acto administrativo o procedimiento administrativo de primer grado, llamada aquí "Sumario Administrativo", notificada como haya sido el Acta de Reparo, bien durante la fase de revisión o de impugnación o procedimiento administrativo de segundo grado, consecuencia de la revisión oficiosa o del ejercicio de los recursos administrativos, en contra de la denominada Resolución Culminatoria del Sumario Administrativo. Específicamente, en el campo del Derecho Tributario, esta presunción de veracidad o legitimidad está prevista en el artículo 184 del COT:

"El Acta de Reparo hará plena fe mientras no se pruebe lo contrario".

En nuestro criterio, la presunción de veracidad o legitimidad del acto administrativo, que, por mandato legal, obliga a tener como apegados a la realidad y al Derecho los actos administrativos que se dicten, salvo que se demuestre lo contrario, está rodeada de una gran confusión y de su empleo abusivo por administraciones tributarias y por tribunales de la materia.

De esta manera, muchos funcionarios públicos, quizás por ignorancia (donde existe responsabilidad del profesorado) más que por mala fe, desconocen el verdadero alcance de esta presunción de base legal, así como los condicionantes que determinan su procedencia. Claro que se trata de aspectos que escapan a los fines de esta obra, pero que juzgamos necesario revisar, dada su vinculación con la temática probatoria: se supone erróneamente que el administrado tiene la Carga de la Prueba para desvirtuar tal presunción.

Ante todo, debe tenerse presente que **esta presunción legal sólo favorece y puede favorecer a aquellos actos administrativos**

que hayan sido dictados por la autoridad competente y cumpliendo todos los requisitos de forma y procedimiento[76]. Además, como lo ha dejado establecido la jurisprudencia, por ejemplo en la Sentencia Nro. 96-180 del 22 de febrero de 1996, de la Corte Primera de lo Contencioso Administrativo, con ponencia de la Magistrada Teresa García de Cornet, caso: Luisa Norelly Morales Guerra vs. Ministerio de la Defensa (Jurisprudencia de los Tribunales de Última Instancia, Repertorio Mensual de Jurisprudencia del Dr. Oscar Pierre Tapia, Año VII, Tomo N° 2, Caracas, febrero de 1996, pp. 67 y 68):

> *"...cuando los hechos en los cuales fundamentan la ilegalidad se basan en hechos negativos, a pesar de la referida presunción, la carga de la prueba ya no la soportan los interesados impugnantes, sino la Administración".*

Y, una vez dictado el acto administrativo, que en nuestro caso tributario se trata, en primer término del Acta de Reparo, dentro de la fase constitutiva o formativa de la Resolución Culminatoria del Sumario Administrativo, **la Administración no ha quedado ni puede quedar liberada o dispensada de actividad probatoria**, como ha sido argumentativamente demostrado a lo largo de esta obra. En la práctica, hemos observado que el llamado "Sumario Administrativo" y también la fase de sustanciación del Recurso Jerárquico, como de suyo el juicio o proceso contencioso tributario, se convierten en

---

76 Para Luís Perezagua Clamagirand, op. cit. (p. 109): *"La presunción de legitimidad de los actos administrativos financieros reposa particularmente, sobre la circunstancia de que la Administración Financiera por su misma calidad de órgano del Poder Público, llevado a observar la ley y privado de un interés propio, diverso del interés público, no puede normalmente emitir actos de liquidación arbitrarios, basados sobre circunstancias de hecho no verdaderas, y de ahí que cuando el contribuyente plantea una litis administrativa, entra teóricamente un poco capitis disminuido en la misma, porque la Administración no ha buscado unos hechos por el mero afán dialéctico de liquidar, sino que se ha basado en hechos propios del contribuyente de diversa índole, patrimoniales, personales, etc. Todo ello produce una consecuencia evidente, y es que, en gran medida, la carga de la prueba se está desplazando insensiblemente hacia el contribuyente", "...para poderse acoger al principio de legitimidad, tiene que ser consecuente con esta privilegiada facultad que se le concede y corresponder legítimamente a ella actuando honradamente. De ahí que al plantearse el problema probatorio, lo primero que tiene que demostrar y probar la Administración es que el acto en virtud del cual se ha concretado la obligación tributaria, es un acto legítimamente emanado de conformidad con los elementos que de forma legal, ha ido recogiendo ella misma. Igualmente, la segunda obligación del Fisco en este sentido, es notificar al administrado-contribuyente los datos de hecho que han servido de base para la liquidación...".*

una especie de cruzada del administrado contra la supuesta "verdad" contenida en las providencias administrativas impugnadas, sin que la autoridad muestre interés en verificar la veracidad y legalidad de las mismas, con la convicción de que si el administrado no logra demostrar la irregularidad del acto, éste, indefectiblemente, quedará "santificado" (si se nos permite el sarcasmo).

Tan es esto cierto, que incluso en sede judicial, sin que la representación judicial tributaria haya desarrollado actividad probatoria alguna, llegada la etapa de informes, se limita a ratificar el contenido del Acta de Reparo, sin más, aun cuando el recurrente haya desplegado suficientes pruebas en contra, o salte a la vista, por ejemplo, la notificación de la Resolución antes del vencimiento del plazo para presentar descargos contra el Acta de Reparo.

Nada más lejos de la juridicidad. La representación judicial tributaria (y antes de ella los funcionarios administrativos) olvida (n) la vigencia del Principio de Investigación de la Verdad Real, consecuencia de la Oficialidad. Esto sólo puede implicar abuso del funcionario administrativo y negligencia profesional del representante judicial tributario.

Una muestra de cómo pretende la Administración Tributaria que puede asumir una posición pasiva (y privilegiada), sin carga probatoria alguna, una vez que emitió el Acta de Reparo, y su beneplácito judicial, se aprecia en la Sentencia Nro. 049/2011 del 9 de junio de 2011, dictada por el Juzgado Superior Noveno de lo Contencioso Tributario, caso: Inversiones 33, C.A. vs. SENIAT (consultada en original):

"Ahora bien, con respecto a la denuncia de los costos o gastos rechazados por no estar soportados por facturas originales, este Tribunal debe precisar que en materia de costos, deducciones, rebajas y partidas como no gravables, no puede hacerse contra la renta sujeta a impuesto, erogaciones que no estén debida y suficientemente comprobadas, por lo que en el presente caso, se desprende de la

revisión del expediente que la Administración Tributaria consideró que las pruebas aportadas por la contribuyente no fueron suficientes para demostrar la procedencia de la deducción, de allí que la Administración Tributaria en la Resolución impugnada invoca la presunción de veracidad y legalidad que posee al Acta Fiscal, mientras no se demuestre lo contrario, por cuanto consideró que la contribuyente no aportó pruebas fehacientes que desvirtuara el contenido del Acto de Reparo Fiscal".

Y más elocuente aún resulta otro fallo, en donde a pesar de partir de la idea procesal justa de la equiparable postura de las partes en cuanto a la distribución de las cargas probatorias, el tribunal concluye en la misma generalizadamente equivocada aproximación del tema, como se verifica en la Sentencia Nro. 092/2010 del 6 de diciembre de 2010, dictada por el mismo Juzgado citado, caso: Administradora Diamante, C.A. vs. SENIAT (consultada en original):

"En cuanto a este aspecto, se debe resaltar que nuestro Código de Procedimiento Civil acoge la antigua máxima romana incumbit probatio qui dicit, no qui negat, lo cual significa que cada parte debe probar sus respectivas afirmaciones de hecho. Por su parte, la doctrina sobre la carga de la prueba, establece que corresponde la carga de probar un hecho a la parte cuya petición (pretensión o excepción) lo tiene como presupuesto necesario, de acuerdo con la norma jurídica aplicable o expresada de otra manera, a cada parte le corresponde la carga de probar los hechos que sirvieron de presupuesto a la norma que consagra el efecto jurídico perseguido por ella, cualquiera que sea su posición procesal. Por ello, al afirmarse o negarse un hecho, permanece inalterable el ejercicio en mayor o menor grado de la carga de probarlo.

...

En virtud de lo anterior, si bien es cierto que el Juez Contencioso Tributario, por ser parte de la jurisdicción contencioso administrativa, puede apartarse del principio dispositivo, también es cierto que en el presente caso, la recurrente no aportó al proceso elemento probatorio alguno que demostrara sus afirmaciones y desvirtuara el contenido de los actos objetados, los cuales se presumen legítimos, ya que no se aprecia de los autos documento alguno que compruebe que llevaba los Libros de

Compras y Ventas del Impuesto al Valor Agregado para la fecha de la verificación, por lo cual incurrió en el ilícito formal tipificado en el numeral 1 del Artículo 102 del Código Orgánico Tributario, ya que le corresponde a la recurrente la carga de la prueba de sus afirmaciones; razón por la cual este Sentenciador no puede suplir defensas sobre este particular".

Por tanto, en la realidad de lo que se trata semejante presunción de veracidad y legitimidad del acto administrativo, nada tiene que ver el tema probatorio, vale decir, **el administrado no tiene la Carga de la Prueba, en contra de tal presunción de veracidad y legitimidad.** Y esto es así, no obstante la generalizada confusión, porque el contenido esencial de ella no implica veracidad presumida acerca de los hechos tenidos como establecidos en los actos administrativos[77], sino veracidad presumida en cuanto a la legalidad formal

---

77   Aunque se advierte que la jurisprudencia, por ejemplo en la Sentencia de la Sala Político Administrativa Especial Tributaria de la antes Corte Suprema de Justicia, del 5 de abril de 1993, caso: La Cocina (consultada en original), como en la Sentencia Nro. 06388 de la Sala Político Administrativa del Tribunal Supremo de Justicia del 30 de noviembre de 2005, con ponencia de la Magistrada Yolanda James, caso: Chryler Motor de Venezuela, S.A. (http://www.tsj.gov.ve/decisiones/spa/noviembre/06388-301105-2004-0229.HTM), ha sostenido que *"Las Actas Fiscales levantadas por funcionarios competentes para tal fin, en las que se han cumplido, en su formulación, los requisitos legales y reglamentarios establecidos para ello, crean una presunción de veracidad, en cuanto a los hechos en ellas consignados, tocando al contribuyente la carga de la prueba con el fin de desvirtuarlos…",* y que *"… el valor probatorio de las actas de reparo fiscal, por su autenticidad, gozan de plena fuerza probatoria, y por la presunción de veracidad que las rodea dan certeza respecto a las afirmaciones materiales sobre los hechos en ellas contenidos, hasta prueba en contrario",* siendo parte importante del error conceptual y de su propagación.
Para Serviliano Abache Carvajal, "La Atipicidad de la Presunción de Legitimidad del Acto Administrativo y la Carga de la Prueba en el Proceso Tributario" (pp. 244 y 246): *"…la presunción de legitimidad de los actos administrativos está al servicio de la exigibilidad de los mismos, esto es, la finalidad que justifica a esta institución, es la idea aproximativa de apego a Derecho de la voluntad de la Administración, para que pueda proceder, sin más, a su ejecución, inclusive contra la falta de anuencia de los administrados. Sobre esta idea, desarrollamos la irracionalidad que impregna al criterio jurisprudencial sobre la distribución de la carga probatoria en los procesos administrativo y tributario con base en la presunción de legitimidad, por las patentes contradicción e ineficacia apuntadas. La falta de coherencia entre el medio empleado (esta atípica presunción) y el fin perseguido (la distribución de la carga probatoria) del criterio jurisprudencial, explica por qué el mismo carece de razonamiento medio-fin y, con ello, de racionalidad.*
Ahora bien, al apartarse la jurisprudencia del fundamento teleológico de la presunción de legitimidad, de su justificación final sobre la exigibilidad de los actos administrativos y, en tal virtud, conceder sin fundamento legal alguno prerrogativas probatorias a la Administración Tributaria durante el proceso, ha alterado la igualdad de las partes en el litigio, perturbando los derechos fundamentales del contribuyente…
Por otro lado, la postura jurisprudencial bajo análisis, ha resultado en la despótica necesidad que ha tenido el contribuyente de probar la existencia o la inexistencia de todos los hechos ju-

mínima de esos actos (competencia funcionarial y debido proceso), sólo a los fines de justificar el cumplimiento hasta compulsivo de sus efectos, siempre que no opere su suspensión por orden administrativa o judicial, y sin perjuicio además de la responsabilidad patrimonial derivada de la ejecución de actos administrativos luego revocados o anulados por ilegalidad o disconformidad a derecho.

En otras palabras, la presunción no se refiere a los hechos, sino a la legalidad formal o externa del acto administrativo[78], en lo que toca a su ejecución incluso forzosa.

De tal manera, durante el procedimiento administrativo, sea en fase constitutiva o de formación, sea en fase de revisión o de impugnación (y luego en la sede judicial), mientras el acto admi-

---

rídicos controvertidos en el debate procesal tributario, sin excepción, esto es, tanto los hechos que soportan su pretensión relativos a la veracidad de sus afirmaciones y excepciones, como la falsedad de los argumentos y planteamientos de la Administración Tributaria expuestos en el acto administrativo recurrido, y la ilegalidad o invalidez de la conformación jurídica del acto en sí, lo cual compromete severamente la real y efectiva tutela judicial de sus derechos fundamentales. Esto es obvio: ubicar la "totalidad" de la carga probatoria sobre una sola de las partes del juicio, equivale a desconocer el principio de igualdad procesal y el derecho a la tutela judicial efectiva". Para Gabriel Ruán Santos, "El Mito de la Presunción de Legitimidad del Acto Administrativo: Límites de su Alcance. Especial referencia a los Actos de Determinación Tributaria y a las Actas Fiscales" (pp. 379 y 421): "*...la presunción de legitimidad... no libera a la Administración de su carga probatoria con respecto al fundamento de sus actuaciones. A ella corresponderá la prueba de su pretensión en el proceso, a través de la consignación del expediente administrativo formado antes de la emisión del acto impugnado. No hay una inversión de la carga de la prueba, como parece haberlo entendido equivocadamente la jurisprudencia dominante, tal vez para facilitar la defensa en juicio de la Administración y para despachar expeditamente los hechos inciertos sometidos al conocimiento judicial...*
La Administración tiene el deber de comprobar los fundamentos de sus actos antes de su adopción y reunir las pruebas correspondientes en el expediente administrativo, que estará a la vista de los interesados y del juez; lo cual explica la pasividad de los órganos administrativos en el proceso judicial contra sus actuaciones. Sin embargo, la presunción de legitimidad no desplaza la carga de la prueba al recurrente, debiéndose aplicar la regla de juicio idónea y justa para la distribución de esa carga y de las consecuencias negativas de la falta de prueba de los hechos inciertos o no comprobados".
Luego, en un ejercicio quizás de mayor precisión o especificidad terminológica a revisar, Gabriel Ruán Santos, op. cit. (p, 422), dice que: "*...la presunción de veracidad de las actas fiscales sólo se refiere a los hechos y no a las calificaciones jurídicas, opiniones o juicios de valor que emitan dichos funcionarios*".

78 Benigno Humberto Cabrera Acosta, op. cit. (p. 362): "*Cuando un hecho goza de presunción legal, sea que admita o no prueba en contrario, está exento de prueba y tal es precisamente el objeto de las presunciones*".

nistrativo no se encuentre definitivamente firme, **el administrado tendrá Carga de la Prueba si la impugnación versa sobre hechos positivos. Empero, el "Onus Probandi" sobre el cumplimiento de la legalidad formal o externa (por ejemplo, sobre la competencia del funcionario y el desarrollo a derecho del procedimiento administrativo), y si la impugnación se refiere a hechos negativos, corresponde a la Administración Tributaria**, tanto en la sede administrativa como en la sede judicial.

Cerremos este tema insistiendo en que el verdadero alcance de la presunción de veracidad y legitimidad de acto administrativo no tiene nada que ver con la Carga Probatoria sobre los hechos o materia de fondo, pues no implica traslado alguno de ella en cabeza del administrado en caso de impugnación (por descargos o por recursos), sino que atañe tan sólo a la vigencia y eficacia de los Principios de Ejecutividad y Ejecutoriedad del Acto Administrativo[79].

4.- La Inconstitucional Presunción de Dolo y Culpa Grave:

El artículo 73 del derogado COT de 1994 (bajo cuya vigencia se escribió y publicó el trabajo que ahora se actualiza), luego de indicar que las infracciones tributarias podían ser dolosas o culposas, curiosamente previó que el Código contendría dispositivos con presunciones sobre la intención y la culpa, referidas al conocimiento, por parte del infractor, de los fines y resultados de su acción u omisión y, aclaraba, menos mal, que tales presunciones admitían prueba en contrario (eran "juris tantum").

Uno de esos dispositivos, quizás el más grave, era el contemplado en el artículo 94 de ese COT de 1994, que hacía presumir la intención de defraudar, salvo prueba en contrario, cuando ocurriera alguna de las circunstancias que él enumeraba, asunto gravísimo por tratarse de un delito sancionado con pena privativa de libertad.

---

79 Alberto Blanco-Uribe Quintero, "La Ejecutoriedad de los Actos Administrativos", Revista de Derecho Público, Nro. 27, Editorial Jurídica Venezolana, Caracas, julio-septiembre 1986.

A propósito de las presunciones, como medio de prueba, el artículo 1.394 del Código Civil explicaba y aún es así que ellas son las consecuencias que la Ley o el Juez sacan de un hecho conocido, para establecer otro desconocido. Es decir, en el caso que nos ocupa, que el intérprete, por disposición de la ley, topándose con alguna de las circunstancias previstas en aquel artículo 94 del COT de 1994 (hecho conocido), estaba autorizado legalmente para considerar la existencia de la defraudación, en particular, y del dolo o culpa grave, en general (hecho desconocido).

El asunto se agravaba cuando tal ejercicio deductivo constaba en un acto administrativo, sobre todo en actas fiscales, pues, entonces, la presunción de dolo o culpa grave se reforzaba con la erróneamente interpretada en su alcance presunción de veracidad o legitimidad sobre la cual ya hablamos, máxime cuando, como sabemos, los funcionarios públicos no suelen desarrollar a plenitud el Principio de Investigación de la Verdad Real.

Claro que esa presunción de defraudación era "juris tantum", por lo que el contribuyente podía demostrar en contrario, teniendo la carga de ello. Pero, cómo es que, en nuestro Sistema Jurídico, podía alguien estar colocado en la situación de tener que probar su inocencia teniéndolo la "sociedad" como culpable, por voluntad del Legislador?

Nuestro asombro al respecto tenía que ver con el análisis riguroso de nuestro legado dogmático constitucional de 1961, de donde emergía, como uno de los derechos inherentes a la persona humana, garantía del libre ejercicio de su personalidad, el **Derecho Humano Constitucional a la Presunción de Inocencia**, de consagración, también, en los tratados internacionales sobre derechos humanos ratificados para la época por la República.

Este es un derecho inherente a la persona humana, sobre el cual la jurisprudencia había dicho:

"...en lo referente al derecho a la presunción de inocencia, que la apoderada del accionante considera como un derecho inherente a la persona humana, observa la Corte que, efectivamente, tal derecho es inherente a la persona humana... en el procedimiento... no se vulneró el derecho a la presunción de inocencia puesto que durante el mismo se llevó a cabo una actividad probatoria y la sanción impuesta... fue el resultado de una decisión que, al menos desde el punto de vista formal, determinó la culpabilidad del accionante... luego del análisis de las pruebas que cursaban en el expediente..." (Sentencia de la Corte Primera de lo Contencioso Administrativo del 4 de mayo de 1994, caso: Omar Salazar vs. Universidad de Carabobo, con ponencia de la Magistrada Belén Ramírez Landaeta, Revista de Derecho Público N° 57-58, Editorial Jurídica Venezolana, Caracas, enero-junio de 1994, pp. 190 y 191).

De ese modo, se podía observar que el Constituyente, como garantía de lo más preciado que tiene el hombre luego de su vida, que es la libertad personal, obligaba a que se tuviera a todos como inocentes, hasta que, después y como consecuencia de una intensa y concluyente actividad probatoria, en cumplimiento del Principio de Investigación de la Verdad Real, se estableciese la plena prueba de la culpa grave o del dolo, en nuestro caso de la defraudación.

Cómo entonces, insistimos, podía tenerse a alguien como defraudador, hasta que probase lo contrario, como cuando, durante el oscurantismo, la Inquisición tenía a una mujer como bruja o a un hombre como hereje, hasta que probasen que no lo eran???

Había pues, una clara contrariedad entre el dogma constitucional y la letra de la ley que, en virtud del **Principio de Supremacía de la Constitución**, sólo nos permitía concluir en la **inconstitucionalidad de los artículos 73 (segundo párrafo) y 94 del COT de 194** que, fuese por anulación de la otrora Corte Suprema de Justicia en Pleno o por desaplicación, vía control difuso de la constitucionalidad (sólo por el artículo 20 del Código de Procedimiento Civil para la época), por los Juzgados Superiores de lo Contencioso Tributario, debían ser excluidos de nuestro Ordenamiento Jurídico.

Evidentemente, de continuar en vigencia el COT de 1994, hoy por hoy, la inconstitucionalidad habría quedado mejor patentizada, toda vez que la Constitución de 1999, en su tantas veces citado y comentado artículo 49, consagra explícitamente como contenido esencial del Derecho Humano al Debido Proceso, el Derecho Humano a la Presunción de Inocencia.

Sin embargo, nos encontramos con que el COT de 2001 varió la regulación sobre el tema, para bien, eliminando la locuaz presunción de culpabilidad por defraudación, para en su lugar establecer meros indicios de defraudación en su artículo 117[80].

Los indicios, como sabemos, no constituyen presunciones, no trasladan la Carga de la Prueba, no representan plena prueba de

---

80 *"Se considerarán indicios de defraudación, entre otros:*

1. Declarar cifras o datos falsos u omitir deliberadamente circunstancias que influyan en la determinación de la obligación tributaria.

2. No emitir facturas u otros documentos obligatorios.

3. Emitir o aceptar facturas o documentos cuyo monto no coincida con el correspondiente a la operación real.

4. Ocultar mercancías o efectos gravados o productores de rentas.

5. Utilizar dos o más números de inscripción o presentar certificado de inscripción o identificación del contribuyente falsos o adulterados en cualquier actuación que se realice ante la Administración Tributaria o en los casos en que se exija hacerlo.

6. Llevar dos o más juegos de libros para una misma contabilidad, con distintos asientos.

7. Contradicción evidente entre las constancias de los libros o documentos y los datos consignados en las declaraciones tributarias.

8. No llevar o exhibir libros, documentos o antecedentes contables, en los casos en que los exija la Ley.

9. Aportar informaciones falsas sobre las actividades o negocios.

10. Omitir dolosamente la declaración de hechos previstos en la ley como imponibles o no se proporcione la documentación correspondiente.

11. Producir, falsificar, expender, utilizar o poseer especies gravadas cuando no se hubiere cumplido con los registros o inscripción que las leyes especiales establecen.

12. Ejercer clandestinamente la industria del alcohol o de las especies alcohólicas.

13. Emplear mercancías, productos o bienes objeto de beneficios fiscales, para fines distintos de los que correspondan.

14. Elaborar o comercializar clandestinamente con especies gravadas, considerándose comprendidas en esta norma la evasión o burla de los controles fiscales, la utilización indebida de sellos, timbres, precintos y demás medios de control, o su destrucción o adulteración; la alteración de las características de las especies, su ocultación, cambio de destino o falsa indicación de procedencia.

15. Omitir la presentación de la declaración informativa de las inversiones realizadas o mantenidas en jurisdicciones de baja imposición fiscal".

nada, y no tienen valor probatorio alguno (por sí solos), si no resulta ello de su vinculación racional discursiva en conjunto con otros elementos de prueba conducentes y convincentes, a tenor de lo dispuesto por el artículo 510 del Código de Procedimiento Civil:

"Los Jueces apreciarán los indicios que resulten de autos en su conjunto, teniendo en consideración su gravedad, concordancia y convergencia entre sí, y en relación con las demás pruebas de autos".

5.- La Inconstitucional Omisión del Levantamiento del Acta Fiscal:

Acorde con el Parágrafo Primero del artículo 149 del COT de 1994, vigente para el momento en que se hizo y publicó la obra que ahora se actualiza, el levantamiento previo del Acta Fiscal podía ser omitido en los casos de imposición de sanciones por incumplimiento de deberes formales, infracciones por parte de los agentes de retención y percepción, que no constituyera presunción de delito, determinación de oficio sobre base cierta, cuando tal determinación se hiciera exclusivamente con fundamento en los datos de las declaraciones aportadas por los contribuyentes o cuando se tratase de simples errores de cálculo que dieren lugar a una diferencia de tributo.

Así, se trataba de casos en los cuales la fase constitutiva del acto administrativo transcurría sin que se permitiera (o al menos facilitase) ni se valorase el ejercicio del Derecho Humano a la Información y de Acceso a los Documentos Administrativos y de su corolario, el Derecho Humano a la Participación, en la formación o constitución de la voluntad administrativa.

Semejante cuestionable norma legal, en cuanto a su constitucionalidad (tanto por lo que respecta a la Constitución de 1961, como en cuanto a la Constitución de 1999 –de haber seguido vigente-), desapareció en el COT de 2001, en su literalidad, solamente para ser sustituida por una regulación de idéntica factura inconstitucional, consagrada bajo el apelativo del "Procedimiento de Verificación", expresando su artículo 173:

"En los casos en que se verifique el incumplimiento de deberes formales o de deberes de los agentes de retención y percepción, la Administración Tributaria impondrá la sanción respectiva mediante Resolución que se notificará al contribuyente o responsable conforme a las disposiciones de este Código".

Es decir, obrándose sin transparencia, a espaldas del contribuyente, sin que se notifique al mismo de la apertura o inicio de un procedimiento administrativo incluso sancionatorio del cual pudiese resultar afectado, y sin que tampoco haya que levantar y notificar un Acta de Reparo contra la cual descargarse, el Legislador (no operando como representante de la voluntad popular sino del poder) prevé que la Administración Tributaria, sin más, notifique un acto administrativo liquidatorio de tributos o hasta sancionatorio, definitivo y que causa estado, sin que el afectado haya podido ejercer su Derecho Humano a la Participación, durante el procedimiento administrativo formativo o constitutivo de la voluntad administrativa. En otras palabras, se concibe un procedimiento administrativo que no puede ser tenido conceptualmente como tal, pues carece de vigencia del Principio "Audire Alteram Parten", al no tener pues el indefectible Contradictorio[81].

Ahora bien, limitándonos a la problemática sancionatoria y concretamente a la materia probatoria, cabría preguntarse para qué el Legislador consagró la procedencia de circunstancias atenuantes de la responsabilidad penal tributaria, en el artículo 85 del COT de 1994, y también en el artículo 96 del COT de 2001 (como el no haber tenido la intención de causar el daño imputado de tanta gravedad, la presentación o declaración espontánea para regularizar el crédito tributario, el no haber cometido el indiciado ninguna violación de

---

81 Benigno Humberto Cabrera Acosta, op. cit. (p. 382): *"Principio de la Contradicción... Significa que la parte contra quien se opone una prueba debe gozar de la oportunidad procesal para conocerla y discutirla. Sólo mediante la contradicción la prueba se depura".*

normas tributarias durante los tres -3- años anteriores, o la conducta que el autor asuma en el esclarecimiento de los hechos), y hasta eximentes de la misma, en el artículo 79 del COT de 1994 (como el error de hecho y de derecho excusable), triste, abusiva e inexplicablemente desaparecidas en el COT de 2001, si, por otro lado, elimina el "Sumario Administrativo" durante el cual el interesado podría alegar, descargar y probar en su defensa, para demostrar la ocurrencia de alguna o algunas de tales circunstancias?

Se presume la inocencia con audiencia del interesado como manda la Constitución?

Acaso estas circunstancias sólo operan en caso de que la infracción no sea por violación de deberes formales o no sea cometida por los responsables de la obligación tributaria? En ninguna parte se plantea tal diferencia atentatoria contra el Principio Constitucional de Igualdad, consagrado en el artículo 21, numeral 1 constitucional.

O es que en estos casos sólo pueden ser alegadas ante el Jerarca o el Juez? En el primer caso, ello no tendría sentido alguno ni lógica en cuanto a los Principios Constitucionales de Eficiencia Administrativa, Transparencia, Participación y Celeridad Procesal, y en el segundo caso provocaría un grave dispendio de actividad judicial, por asuntos que serían solucionables en la sede administrativa.

Por tanto, la lógica, así como una sana interpretación del sistema procedimental administrativo, claman por la **posibilidad jurídica de contar con una oportunidad para alegar y probar, dentro del procedimiento administrativo dicho de verificación, en particular en la fase de formación o constitutiva de la voluntad administrativa,** las defensas y circunstancias que tiendan a atenuar la responsabilidad penal tributaria (cuando no a excluirla por ausencia de conducta infraccional).

Y, tal oportunidad no puede ser otra que la de descargos, posterior al levantamiento y notificación del Acta de Reparo o infracción, donde deben constar circunstanciadamente los hechos investigados o imputados. Pero, casualmente, esta es la secuela procedimental que paladinamente pretendió eliminar el Parágrafo Primero del artículo 149 del COT de 1994 y como ahora lo hace el COT de 2001, en sus artículos 172 a 176.

En nuestra opinión, la etapa de descargos, consecuencia de la notificación del Acta respectiva, en conjunto ambas instituciones, no fueron establecidas por el Legislador, por un simple capricho que pueda ser borrado en cualquier momento. Entendemos, por el contrario, que se trata de una parte esencial del procedimiento administrativo tributario, sobre todo en su variante especial sancionatoria, cuya pretermisión, acorde con el artículo 19, numeral 4, de la LOPA, en concordancia con el artículo 240, numeral 4, del COT de 2001, y por mandato del artículo 25 de la Constitución, acarrea la nulidad absoluta del acto administrativo.

La razón de nuestro parecer comulga con el entendimiento de que el motivo por el cual el Legislador consagró ahora en los artículos 183 y 188 del COT de 2001, las instituciones comentadas de descargos y acta, como antes lo había hecho en la vieja Ley Orgánica de la Hacienda Pública Nacional (en materia de sanciones) y en la anterior Ley Orgánica de la Contraloría General de la República (en el campo de las averiguaciones administrativas), entre otras (incluidas las Ordenanzas Municipales de Hacienda Pública en general), y así lo ha dejado claramente sentado la jurisprudencia en su momento, fue para reglamentar y así garantizar el ejercicio del Derecho Humano Constitucional a la Defensa, hoy mejor expresado constitucionalmente, como **Derecho Humano Constitucional al Debido Proceso**.

En este orden de ideas, **la omisión del acta, dando como resultado la emisión y notificación de la resolución contentiva de la multa u otra sanción, aún cuando la misma sea recurrible en las sedes alternativas o sucesivas administrativa y judicial, es violatoria del Derecho Humano Constitucional al Debido Proceso y de**

sus derechos-garantía: el Derecho Humano a la Información y de Acceso a los Documentos Administrativos y el Derecho Humano a la Participación en la Fase de Formación o Constitutiva del Acto Administrativo, imposibilitante además del cumplimiento del deber legal del administrado de coadyuvar al descubrimiento de la Verdad Real, de todo lo cual se deriva la inconstitucionalidad de los preceptos indicados.

Si hubo la intención de ganar tiempo, lo cierto es que ello es una falsa ilusión: la impugnación administrativa y judicial necesariamente tomarán hasta años, para resolver algo que podría haber sido arreglado en días.

Al parecer cierta jurisprudencia comienza a hacer suya esta idea libertaria constitucional, como aparece de la Sentencia Nro. 016/2013 del 2 de mayo de 2013, dictada por el Juzgado Superior Noveno de lo Contencioso Tributario, caso: Cervecería Puente Hierro, C.A. vs. Municipio Libertador del Distrito Capital (consultada en original):

"Así se observa, que no se evidencia en autos que se le haya notificado a la sociedad recurrente ni la Providencia autorizatoria, ni el informe fiscal, a los fines de ejercer su derecho a la defensa conforme al texto constitucional y a las normas legales, incluso la Superintendencia Municipal de Administración Tributaria ordena el pago del impuesto y de las sanciones contenidas en la Resolución impugnada conforme al artículo 185 del Código Orgánico Tributario, el cual corresponde al procedimiento de fiscalización y determinación, sin permitir el ejercicio de los descargos correspondientes, combinando normas relativas a la verificación y a la determinación, lo cual es violatorio de la propia Ordenanza y del artículo 49 de la Constitución de la República Bolivariana de Venezuela.

En efecto, el artículo 49 del texto supremo, obliga a los operadores de la norma, tanto en procesos en sede judicial, como en procedimientos en sede administrativa, a notificar los cargos, el acceso a las pruebas y preservar el tiempo para el ejercicio de la defensa de los destinatarios de las sanciones. En este caso, como se ha apreciado del expediente judicial, no se le notificó a la recurrente de la investigación iniciada, no se le notificó del Informe Fiscal 2011-000747 y se le ordenó el pago conforme a las normas del Código Orgánico Tributario relativas a la determinación –siendo una verificación- sin permitirle los descargos respectivos, lo cual obstaculizó el ejercicio de sus derechos y defensas y aportar las pruebas o de refutar hechos que considerase errados, todo lo cual es violatorio del artículo 49 de la Constitución de la República Bolivariana de Venezuela, siendo las actuaciones nulas de conformidad con el artículo 240 numerales 1 y 4 del Código Orgánico Tributario.

Como consecuencia de lo anterior, el Tribunal declara la nulidad de la Resolución 000168 de fecha 22 de junio de 2012, emanada de la Superintendencia Municipal de Administración Tributaria de la Alcaldía del Municipio Bolivariano Libertador del Distrito Capital y de las actuaciones que le dieron origen. Así se declara".

6.- El Carácter No Perentorio del Plazo para Descargos:

Según lo establecido por el artículo 146 del COT de 1994, iniciada la instrucción del "Sumario Administrativo", inmediatamente posterior a la notificación del Acta Fiscal, el afectado disponía de un plazo de veinticinco (25) días hábiles para formular los descargos y aportar la "totalidad" de las pruebas para su defensa.

El COT de 1992 fijó un lapso similar para formular descargos, pero no entró a calificar de "totalidad" las pruebas que podían promoverse. Por su parte, el COT de 1983 dispuso un término menor, de quince (15) días hábiles para presentar descargos, pero indicó expresamente que ese lapso no era perentorio.

El artículo 188 del COT de 2001 se mantuvo en la línea de su antecesor cuerpo normativo, haciendo referencia expresa a esa pretendida "totalidad", al prever:

"Vencido el plazo establecido en el artículo 185 de este Código, sin que el contribuyente o responsable procediera de acuerdo con lo previsto en dicho artículo, se dará por iniciada la instrucción del Sumario teniendo el afectado un plazo de veinticinco (25) días hábiles para formular los descargos y promover la totalidad de las pruebas para su defensa. En caso que las objeciones contra el Acta de Reparo versaren sobre aspectos de mero derecho, no se abrirá el Sumario correspondiente, quedando abierta la vía jerárquica o judicial.

El plazo al que se refiere el encabezamiento de este artículo será de cinco (5) meses en los casos de fiscalizaciones en materia de precios de transferencia".

Esta idea de no perentoriedad del lapso para descargos, siempre fue correctamente interpretada en el espíritu de la no preclusividad, por lo que, en virtud del **Principio de Informalismo o de Antiformalismo** (que, como vimos, ilustra al procedimiento administrativo en líneas generales, para poder cumplir con el Principio de Investigación de la Verdad Real, por parte de la Administración Pública y su contrapartida, el deber legal del contribuyente de coadyuvar para que tal verdad real se ponga de manifiesto), se entendía que el interesado podía hacer alegatos y promover pruebas en su defensa, en cualquier tiempo, mientras no se hubiese notificado la decisión, acto o providencia administrativa definitiva[82].

Ahora bien, tanto el COT de 1992, como el de 1994 y el de 2001 (vigente), eliminaron la referencia a la no perentoriedad del lapso, lo cual, en nuestro criterio, no tiene relevancia alguna (fuera de la intención oculta que al respecto pueda haber), pues en todo procedimiento administrativo rige, indefectiblemente, el Principio de Informalismo o de Antiformalismo, como principio general del Derecho Administrativo Formal. No obstante, desde la entrada en vigor del COT de 1992, ininterrumpidamente, hemos presenciado

---

82 Salvador Sánchez González, "El Procedimiento de Fiscalización y Determinación de la Obligación Tributaria" (p. 133): *"...siempre y cuando no haya transcurrido el lapso fatal que tiene la Administración Tributaria para decidir o no se haya emitido la Resolución, el contribuyente o responsable puede promover pruebas aún vencido el lapso para presentar el escrito de descargos".*

el surgimiento de la interpretación, netamente fiscal o fiscalista (no garantista), según la cual se habría instalado una preclusión para la promoción de pruebas por parte del afectado, interpretación ésta que adquirió fuerza con los COT de 1994 y de 2001, al señalar explícitamente que deberá producirse, dentro del lapso respectivo, la "totalidad" de las pruebas.

En nuestra labor docente, donde hemos contado con alumnos funcionarios de la Administración Tributaria, y también en estrados, hemos podido presenciar la vehemencia con que las autoridades tributarias y sus representantes judiciales defienden esta injustificadamente limitante interpretación, que nosotros asumimos como contraria a Derecho.

Acaso los funcionarios administrativos olvidan que no se encuentran en un pleito intersubjetivo de intereses particulares o privados, dentro de un proceso o juicio civil o mercantil, en el que cada parte está deseosa de que su contraria pierda un lapso para que se desmejore su defensa y así se logre una victoria, con base en una verdad "procesal"? Insistimos, el juicio intersubjetivo busca fundamentalmente restablecer la paz social, frente a la litigiosidad o conflictividad surgida, mientras que el procedimiento administrativo apuesta por establecer la verdad real.

El norte aquí es la obtención de la verdad real, para poder tutelar el bien común o interés público, general o colectivo, de modo que rige el Informalismo o Antiformalismo como Principio General del Derecho Administrativo Formal, no pudiendo ahorrarse esfuerzos o coartarse iniciativas tendentes al logro de este fin. Qué aberrante resulta imaginar un acto administrativo dictado con fundamento en un Acta de Reparo que no pudo ser suficiente o eficazmente impugnada, en razón de que las pruebas las consiguió el interesado luego de transcurrido este plazo!

Por ejemplo, los soportes demostrativos del gasto cuya deducibilidad fue rechazada en el reparo se localizaron luego de ese plazo, pero aún durante el "Sumario Administrativo", es decir, siempre antes de que se dictase la Resolución Culminatoria del Sumario Administrativo.

Ciertamente, este acto administrativo podría no estar justificado en la verdad real, e implicar en cambio un gravamen por encima de la capacidad contributiva del interesado, al haberse inflado de esa forma injusta la base imponible, con burla además del Principio de Realidad Económica.

Cómo entender que sea posible (y razonable) intentar un Recurso Jerárquico o incluso un Recurso Extraordinario de Revisión y aún una solicitud de reconocimiento de la nulidad absoluta (esta última en cualquier tiempo), contra un acto administrativo, en base al descubrimiento de pruebas cuya existencia se desconocía durante la fiscalización y el "Sumario Administrativo", pero esté prohibido producirlas en ese "Sumario Administrativo" si transcurrió aquel plazo??? No sería éste un supuesto de dispendio de actividad administrativa, que eventualmente podría serlo también de actividad judicial?

La interpretación del Derecho no debe conducir al absurdo.

Así, acorde con los Principios de Informalismo o Antiformalismo y de Investigación de la Verdad Real, entendemos que **este plazo, aunque no lo diga la ley, y a pesar del empleo del adverbio de cantidad "totalidad", no es perentorio, por no poder jurídica y lícitamente ser preclusivo**. Asumimos que el afectado debe legalmente aportar todas las pruebas de que disponga en esa oportunidad, pero, en caso de encontrar o descubrir posteriormente otras, sin que se haya notificado aún la Resolución Culminatoria del Sumario Administrativo, nada en Derecho le impide promoverlas ni al funcionario considerarlas. Más bien la ley obliga a ambos a llevar al expediente administrativo todos los elementos informativos de que dispongan, sin límite de tiempo, para la debida formación de la convicción, como ha quedado demostrado a lo largo de esta obra.

Traemos, en apoyo a nuestra opinión, la previsión del artículo 28 de la LOPA, según la cual "*Los administrados están obligados a facilitar a la Administración Pública la información de que dispongan sobre el asunto de que se trate, cuando ello sea necesario para tomar la decisión correspondiente*", sin límite temporal preclusivo alguno.

Y, la doctrina jurisprudencial según la cual, con resaltado del autor:

"*...el procedimiento administrativo goza de la característica de ser flexible e informal, en contraposición a la rigidez y a la formalidad del proceso judicial ordinario, y ello le permite a la Administración practicar ciertas actuaciones en el momento que así lo considere conveniente, siempre y cuando se garanticen los derechos de ambas partes y se cumpla con todas las fases del procedimiento de que se trate, porque en definitiva lo que debe buscar es la verdad material. **En el procedimiento administrativo, según señala la constante jurisprudencia en esta materia, los lapsos no tienen el carácter preclusivo propio del proceso judicial...**"* (Sentencia N° 95-700 de la Corte Primera de lo Contencioso Administrativo del 18 de mayo de 1995, con ponencia del Magistrado Gustavo Urdaneta Troconis, caso: Juan Damiani R., Expediente N° 93-14.091, Jurisprudencia de los Tribunales de Última Instancia, Repertorio Mensual de Jurisprudencia del Dr. Oscar Pierre Tapia, Año VI, Tomo N° 5, Caracas, mayo de 1995, pp. 93 y 94).

Por lo demás, parece chocar al ánimo, tomando en cuenta el **Principio Constitucional de Igualdad**[83], que el Administrado disponga de veinticinco (25) días hábiles preclusivos para defenderse y la Administración Tributaria cuente con un (1) año calendario para analizar las pruebas promovidas[84]. Claro que se pueden promover

---

83 Artículo 21, numeral 1: "*Todas las personas son iguales ante la ley, y en consecuencia: 1. No se permitirán discriminaciones fundadas en la raza, el sexo, el credo, la condición social o aquellas que, en general, tengan por objeto o por resultado anular o menoscabar el reconocimiento, goce o ejercicio en condiciones de igualdad, de los derechos y libertades de toda persona*".

84 En sentido contrario, incluso sobre la supuesta perentoriedad del lapso de descargos, véase Sentencia Nro. 10 del 17 de enero de 1995 de la Sala Político Administrativa de la entonces Corte Suprema de Justicia, con ponencia de la Magistrada Conjuez Ilse van der Velde Hedderich, caso: Industria Venezolana de Aluminio, C.A., Jurisprudencia de la Corte Suprema de Justicia, Reperto-

pruebas en todo ese tiempo, ello es un derecho, y, como todo derecho, se encuentra limitado en su disfrute por su ejercicio abusivo, y por el fraude a la ley, por lo que rige la debida proporcionalidad.

Finalmente, aunque no se refiere ello a la fase de descargos dentro de la fiscalización, sino a la posibilidad incluso de modificar las pruebas presentadas durante la fiscalización o durante la fase de descargos, con la particularidad de estar la Administración Tributaria obligada a sustanciar y valorar las nuevas pruebas documentales aportadas, esta vez durante el procedimiento administrativo de segundo grado o de revisión o de impugnación, es decir, con ocasión del Recurso Jerárquico, nos permitimos ilustrar nuestro discurso con la Sentencia Nro. 169/2007 del 1 de octubre de 2007, dictada por el Juzgado Superior Noveno de lo Contencioso Tributario, caso Ruedas de Aluminio, C.A. RUALCA vs. SENIAT (consultada en original):

> *"Observa este Juzgador, que inicialmente el recurrente aportó una serie de facturas que efectivamente incumplían con los requisitos reglamentarios antes señalados, más sin embargo, luego de emitida la correspondiente Resolución Culminatoria, presentó otro tanto de facturas en "sustitución" de las presentadas inicialmente, alegando (que) ... las que en su criterio deben ser tomadas en cuenta son estas últimas, de allí que el superior jerarca no debió ignorar las nuevas pruebas aportadas con base a que las mismas no son idénticas a las que tuvo primigeniamente la fiscalización en su poder para formular la objeción fiscal in comento.*
>
> *...*
>
> *Siendo una premisa fundamental del "falso supuesto" que las decisiones de los órganos de la administración deben basarse en las realidades distintas a las existentes o a las acreditadas en el expediente administrativo, y esta apreciación tiene una oportunidad procedimental específica, pero no única o excluyente, cual es el procedimiento de cognición de primer grado donde se aportan los argumentos y pruebas*

---

rio Mensual de Jurisprudencia del Dr. Oscar Pierre Tapia, Año XXII, Tomo N° 1, Caracas, enero de 1996, pp. 150 a 154.

legales y pertinentes para ejercicio del derecho de defensa contra los actos de reparo inicialmente dictados; sin que esto limite al conocimiento de la verdad en el procedimiento de impugnación; más debe puntualizarse que ello no es lo que ocurre en este caso, pues en su oportunidad la Administración apreció correctamente las pruebas que le fueron presentadas, y aplicó los efectos jurídicos correspondientes.

...

Sobre la base de estas motivaciones, este Tribunal aprecia que la valoración probatoria realizada por la Administración en cuanto a las facturas que sustentan las ventas por exportación, resultó inicialmente ajustada a derecho y a la realidad existente en la oportunidad que se producía el procedimiento constitutivo que precede la manifestación de voluntad final de la administración tal como se aprecia del expediente administrativo traído a los autos, de allí que, resulte infundado el alegato de "falso supuesto" denunciado por el recurrente en este punto, pues no se cumplen los requisitos de procedencia necesarios para la existencia de un vicio de esta naturaleza en el caso concreto. Así se declara.

En cuanto a la posibilidad que alude el recurrente de legitimar las nuevas facturas y la pretendida "sustitución" a los efectos de fundamentar el falso supuesto denunciado y desestimado conforme las motivaciones precedentes, ciertamente aprecia este Juzgador que el Artículo 53 consagra la posibilidad de que los contribuyentes emitan facturas correctoras o modificatorias de alguna anteriormente emitida, más ello no significa que esta nueva facturación pueda desvirtuar los efectos de la valoración bajo la apreciación de un falso supuesto.

En este sentido si bien es improcedente el vicio de falso supuesto, no es menos cierto y ,como se ha señalado, que la función de la Administración Tributaria no es colocar una serie de obstáculos para negar un reintegro que legalmente le corresponde al contribuyente exportador, su función radica en una actuación objetiva sometida a posibles correcciones, incluso para el presente asunto la Administración Tributaria puede volver a determinar y revocar o corregir tal situación, también es posible que la Administración Tributaria pueda ser motivada a través del Recurso de Revisión, para que emita un pronunciamiento nuevo y con las pruebas no existentes, en otras palabras si el administrado incurrió en error la Administración incluyendo la tributaria debe en virtud de esa actividad objetiva e imparcial, reconocer su derecho a reintegro, bien sea mediante el análisis de las nuevas pruebas, bien sea mediante su potestad de autotutela administrativa en cualquiera de sus modalidades.

...

95

En consecuencia, sea por que la se subsanaron los errores, sea por que la Administración Tributaria deba actuar objetivamente y analizar las nuevas pruebas aportadas, o porque las nuevas facturas efectivamente cumplen los requisitos la única consecuencia era el reconocimiento de los créditos rechazados por la cantidad de Bs. 33.605.105,64, los cuales son procedentes. Así se declara".

IV.

Conclusión General:

El procedimiento administrativo general, del cual el procedimiento administrativo tributario es una especie, está caracterizado por encontrarse regido bajo el imperio de una serie de principios constitucionales fundamentales, garantía de trascendentes derechos humanos, principios éstos algunos con expreso reconocimiento legal y otros de fuente dogmática del Derecho Administrativo Formal, con adaptaciones propias del Derecho Tributario Formal.

La importancia esencial de estos principios, deriva de la circunstancia de que ellos se encuentran en una estrecha relación de interdependencia con los derechos humanos de los administrados (contribuyentes o responsables tributarios o no), de modo que constituyen una garantía de ejercicio de tales derechos. Podemos ejercer estos derechos gracias a la vigencia de estos principios rectores; y, estos principios cuentan, como única razón de ser, con la necesidad de hacer efectivo el imperio y goce efectivo de estos derechos.

Por ejemplo: el Principio "Audire Alteram Partem" o Principio del Contradictorio es una garantía de ejercicio del Derecho Humano al Debido Proceso o, si se quiere, para poder disfrutar del Derecho Humano al Debido Proceso, es menester consagrar y respetar el Principio "Audire Alteram Partem" o Principio del Contradictorio.

De este modo, hemos estudiado los más relevantes principios rectores del procedimiento administrativo o del Derecho Administrativo Forma, en función de su relación directa con el ejercicio efectivo de los derechos humanos de los administrados, particularmente en materia de pruebas, llegando a la idea de que también esos derechos humanos son causa y efecto o presupuesto y corolario, unos de otros.

Así, insistimos, gracias a la vigencia del Principio "Audire Alteram Partem" o Principio del Contradictorio, podemos ejercer el Derecho Humano al Debido Proceso.

Y, de estos dos esenciales Principio y Derecho Humano, en esa mencionada interdependencia, emergen respectivamente el Principio de Sometimiento Pleno a la Ley y al Derecho, el Deber de Motivación, el Principio de Globalidad (o de Exhaustividad) de la Decisión Administrativa, el Principio de Transparencia, el Principio de Igualdad, el Principio de Actuación de Oficio, el Principio de Investigación de la Verdad Real, el Principio Inquisitivo, el Principio de Certeza, el Principio de Realidad Económica, el Principio de Objetividad, el Principio de Imparcialidad, el Principio de Inmediación, el Principio de Participación, el Principio "In Dubio Pro Administrado" o Principio "In Dubio Contra Fiscum", el Principio de Informalismo o Antiformaismo, el Principio de Celeridad Procesal, el Principio de Libertad Probatoria y el Principio de Libre Apreciación de la Prueba, todos ellos por sí y entre sí como garantía de ejercicio del Derecho Humano al Debido Proceso, del Derecho Humano a Ser Oído, del Derecho Humano a la Información y de Acceso a los Documentos Administrativos, del Derecho Humano a la Participación en la Formación o Constitución de la Decisión Administrativa, del Derecho Humano a la Impugnación de los Actos Administrativos y, especialmente, del Derecho Humano a Promover y Hacer Evacuar Pruebas, en todo estado y grado del procedimiento administrativo, del Derecho Humano de Petición y Obtención de Oportuna y Adecuada Respuesta, y del Derecho Humano a que la Administración Tributaria Aprecie las Pruebas Promovidas y Evacuadas (comprensivo del Derecho Humano a que la Administración Tributaria Exponga y Exhiba sus Pruebas para su Debido Control y Contradicción).

V

Bibliografía:

- **ABACHE CARVAJAL, Serviliano**, "La Atipicidad de la Presunción de Legitimidad del Acto Administrativo y la Carga de la Prueba en el Proceso Tributario", Editorial Jurídica Venezolana, Caracas, 2012.

- **ABACHE CARVAJAL, Serviliano**, "El procedimiento de verificación de declaraciones y cumplimiento de deberes formales", en Manual Venezolano de Derecho Tributario, Tomo I, Sol Gil, Jesús, Palacios Márquez, Leonardo y otros, coordinadores, Asociación Venezolana de Derecho Tributario, Caracas, 2013.

- **ARAUJO JUÁREZ, José**, "Principios Generales del Derecho Administrativo Formal", Vadell Hermanos Editores, Valencia, 1989.

- **ARAUJO JUÁREZ, José**, "Principios Generales del Derecho Procesal Administrativo", Vadell Hermanos Editores, Valencia, 1996.

- **ARAUJO JUÁREZ, José**, "Tratado de Derecho Administrativo Formal", Vadell Hermanos Editores, Valencia, 1998.

- **ATIENZA,Manuel**, "Tras la Justicia. Una Introducción al Derecho y al Razonamiento Jurídico", Editorial Ariel, Barcelona, 1997.

- **BARROS CARVALHO, Paulo de**, "Aspectos da prova no procedimento administrativo trubutário", en Estudios en Memoria de Ramón Valdés Costa, Tomo I, Fundación de Cultura Universitaria, Montevideo, 1999.

- **BELLO TABARES, Humberto**, "Tratado de Derecho Probatorio", Tomos I y II, Ediciones Paredes, Caracas, 2009.

- **BLANCO-URIBE QUINTERO, Alberto**, "El Derecho a la Información y el Acceso a los Documentos Administrativos", Revista de Derecho Público, Nº 48, Editorial Jurídica Venezolana, Caracas, octubre-diciembre 1991.

- **BLANCO-URIBE QUINTERO, Alberto**, "De la Obligación Constitucional de Recibir, de la Administración Pública", en Libro Homenaje al Profesor Alfredo Arismendi A., Coordinador Carlos Luis Carrillo Artiles, Instituto de Derecho Público, Universidad Central de Venezuela, Ediciones Paredes, Caracas, 2008.

- **BLANCO-URIBE QUINTERO, Alberto**, "Los Derechos del Contribuyente en la Constitución de 1999", en V Jornadas Venezolanas de Derecho Tributario "Aspectos Tributarios en la Constitución de 1999", Asociación Venezolana de Derecho Tributario, Livrosca, Caracas, 2000.

- **BLANCO-URIBE QUINTERO, Alberto**, "La Libertad Probatoria en el Proceso Tributario", en Temas de Derecho Administrativo, Volumen I, Libro Homenaje a Gonzalo Pérez Luciani, Colección Libros Homenaje Nº 7, Fernando Parra Aranguren Editor, Tribunal Supremo de Justicia, Caracas, 2002.

- **BLANCO-URIBE QUINTERO, Alberto**, "Hacia un Estatuto del Contribuyente durante la Fiscalización", en Ensayos de Derecho Administrativo, Volumen I, Libro Homenaje a Nectario Andrade Labarca, Colección Libros Homenaje Nº 13, Fernando Parra Aranguren Editor, Tribunal Supremo de Justicia, Caracas, 2004.

- **BLANCO-URIBE QUINTERO, Alberto**, "Alcance del Principio de Presunción de Inocencia. Reflexión", en Temas de Derecho Penal Económico, Homenaje a Alberto Arteaga Sánchez, Obra Colectiva, Compiladora Carmen Luisa Borges, Fondo Editorial de la Asociación Venezolana de Derecho Tributario (A.V.D.T.) y Universidad Central de Venezuela, Caracas, 2006.

- **BLANCO-URIBE QUINTERO, Alberto**, "Valor Probatorio del Expediente Administrativo, en el Proceso Tributario", en Temas de Actualidad Tributaria, Libro Homenaje a Jaime Parra Pérez, Coordinadoras Elvira Dupouy e Irene de Valera, Serie Eventos Nro. 27, Academia de Ciencias Políticas y Sociales y Asociación Venezolana de Derecho Tributario, Caracas, 2009.

- **BREWER CARÍAS, Allan R. y otros**, "Ley Orgánica de Procedimientos Administrativos", 7° Edición, Editorial Jurídica Venezolana, Caracas, 1993.

- **BRICEÑO SIERRA, Humberto**, "Derecho Procesal Fiscal", Cárdenas Editor, México, 1975.

- **CABRERA ACOSTA, Benigno Humberto**, "Teoría General del Proceso y de la Prueba", Ediciones Jurídicas Gustavo Ibáñez, Bogotá, 1996.

- **CARNELUTTI, Francesco**, "Introduzione allo Studio del Diritto Procesale Tributario", Revista de Diritto Procesale, N° 2, 1932.

- **CARNELUTTI, Francesco**, "La Prueba Civil", Depalma, Buenos Aires, 1982.

- **COUTURE, Eduado J.**, "Las Reglas de la Sana Crítica", Editorial Ius, Montevideo, 1990.

- **DELGADO SALAZAR, Roberto**, "La Prueba de indicios y su apreciación judicial", Tribunal Supremo de Justicia, Caracas, 2006.

- **DROMI, José Roberto**, "Procedimiento Administrativo", en "La Protección Jurídica de los Administrados", Colegio Mayor de Nuestra Señora del Rosario, Ediciones Rosaristas, Bogotá, 1980.

- **DUPOUY MENDOZA, Elvira**, "El Recurso Jerárquico", en Manual Venezolano de Derecho Tributario, Tomo I, Sol Gil, Jesús, Palacios Márquez, Leonardo y otros, coordinadores, Asociación Venezolana de Derecho Tributario, Caracas, 2013.

- **ENTRENA CUESTA, Rafael**, "Curso de Derecho Administrativo", Volumen I, Novena Edición, Editorial Tecnos, S.A., Madrid, 1989.

- **FRAGA PITTALUGA, Luís**, "La Defensa del Contribuyente", FUNEDA, Caracas, 1998.

- **FRAGA PITTALUGA, Luís**, "Consideraciones Generales sobre la Prueba en el Proceso Contencioso Tributario", en Contencioso Tributario Hoy, Tomo I, FUNEDA, Caracas, 2004.

- **GELSI BIDART, Adolfo**, "Algunos conceptos procesales relacionados con el Fisco", en Estudios en Memoria de Ramón Valdés Costa, Tomo II, Fundación de Cultura Universitaria, Montevideo, 1999.

- **GIMENO SENDRA, Vicente et alii**, "Derecho Procesal Administrativo", Tirant lo Blanch, Valencia, 1996.

- **GONZÁLEZ PÉREZ, Jesús**, "Derecho Procesal Administrativo", Instituto de Estudios Políticos, Madrid, 1957.

- **GONZÁLEZ PÉREZ, Jesús**, "El Procedimiento Administrativo", Publicaciones Abella, Madrid, 1964.

- **GONZÁLEZ PÉREZ, Jesús**, "El Principio General de la Buena Fe en el Derecho Administrativo", Editorial Civitas, Madrid, 2009.

- **GONZÁLEZ PÉREZ, Jesús**, "Manual de Derecho Procesal Administrativo", Editorial Civitas, Madrid, 2001.

- **GORDILLO, Agustín**, "La Vista de las Actuaciones en el Procedimiento Administrativo", Archivo de Derecho Público y Ciencias de la Administración, Volumen 2, 1970-1971, Instituto de Derecho Público, Facultad de Derecho, Universidad Central de Venezuela, Caracas, 1972.

- **LÓPEZ MIRÓ, Horacio**, "Probar o Sucumbir. Los Tres Grados del Convencimiento Judicial y la Regla Procesal del Onus Probandi", Abeledo-Perrot, Buenos Aires, 1998.

- **LÓPEZ MOLINO, Antonio María**, "Régimen jurídico de la prueba en la aplicación de los tributos", Editorial Aranzadi, Pamplona, 1997.

- **MÁRQUEZ, José Rafael**, "Comentarios al Código Orgánico Tributario", Asociación Venezolana de Derecho Tributario, Caracas, 1983.

- **MOLES CAUBET, Antonio**, "Introducción al Procedimiento Administrativo", en "El Procedimiento Administrativo", Instituto de Derecho Público, Facultad de Ciencias Jurídicas y Políticas, Universidad Central de Venezuela, Caracas, 1983.

- **MORELLO, Augusto M.**, "Constitución y Proceso, La Nueva Edad de las Garantías Jurisdiccionales", Editorial Abeledo Perrot, Buenos Aires, 1998.

- **MUÑOZ SABATÉ, Luís**, "Técnica Probatoria. Estudios sobre las dificultades de la prueba en el proceso", Editorial Themis, S.A., Bogotá, 1997.

- **OVIEDO ARBELÁEZ, Amparo Alicia**, "Proceso, Justicia y Libertad", Publicación de la Pontificia Universidad Javeriana, Colección Profesores, Nro. 23, Editorial Javegraf, Bogotá, 1997.

- **PÉREZ DE AYALA, José** y **GONZÁLEZ, Eusebio**, "Curso de Derecho Tributario", Tomo II, Editorial de Derecho Financiero, Madrid, 1991.

- **PEREZAGUA CLAMAGIRAND, Luís**, "La Prueba en el Derecho Tributario", Estudios de Hacienda Pública, Instituto de Estudios Fiscales, Ministerio de Hacienda, Madrid, 1975.

- **PERIS GARCÍA, Pedro**, "La Prueba en la Reclamación Económica Administrativa y en el Recurso Contencioso", Aranzadi, Pamplona, 1997.

- **PUGLIESE, Mario**, "La Prueba en el Proceso Tributario", Universidad de Pavia, México, 1949.

- **QUICENO ÁLVAREZ, Fernando**, compilador, "Indicios y Presunciones", Primera Edición, Paredes Editores, Caracas, 2000.

- **RACHADELL, Manuel**, "Las Garantías de los Administrados en la Ley Orgánica de Procedimientos Administrativos", en "El Procedimiento Administrativo", Instituto de Derecho Público, Facultad de Ciencias Jurídicas y Políticas, Universidad Central de Venezuela, Caracas, 1983.

- **RAMÍREZ CARDONA, Alejandro**, "El Proceso Tributario", Segunda Edición, Editorial Themis, Bogotá, 1967.

- **RAMÍREZ CARDONA, Alejandro**, "Derecho Tributario Sustancial y Procedimental", Temis, Bogotá, 1985.

- **RAMÍREZ GÓMEZ, José Fernando**, "La Prueba Documental. Teoría General", Señal Editora, Medellín, 1991.

- **RONDÓN DE SANSÓ, Hildegard**, "Procedimiento Administrativo", Segunda Edición, Colección Estudios Jurídicos N° 1, Editorial Jurídica Venezolana, Caracas, 1983.

- **RUÁN SANTOS, Gabriel**, "Nueva dimensión del derecho tributario por aplicación directa de la Constitución. Aspectos sustantivos y adjetivos", en "La Administración Tributaria y los Derechos de los Contribuyentes", Libro Homenaje a la Memoria de Ilse van der Velde, FUNEDA, Caracas, 1998.

- **RUÁN SANTOS, Gabriel**, "El Mito de la Presunción de Legitimidad del Acto Administrativo: Especial Referencia a los Actos de Determinación Tributaria y a las Actas Fiscales", en Libro Homenaje a José Andrés Octavio, Asociación Venezolana de Derecho Tributario, Caracas 1999.

- **RUÁN SANTOS, Gabriel**, "El Mito de la Presunción de Legitimidad del Acto Administrativo: Límites de su Alcance. Especial referencia a los Actos de Determinación Tributaria y a las Actas Fiscales", en Libro Homenaje a José Andrés Octavio, Asociación Venezolana de Derecho Tributario, Caracas, 1999.

- **SÁNCHEZ GONZÁLEZ, Salvador**, "El Procedimiento de Fiscalización y Determinación de la Obligación Tributaria", Fraga, Sánchez & Asociados, Caracas, 2005.

- **SÁNCHEZ GONZÁLEZ, Salvador**, "El Procedimiento de Fiscalización y Determinación de la Obligación Tributaria. Actualizado a la Jurisprudencia", FUNEDA, Caracas, 2012.

- **SÁNCHEZ GONZÁLEZ, Salvador**, "El Procedimiento de Fiscalización y Determinación de la Obligación Tributaria", en Manual Venezolano de Derecho Tributario, Tomo I, Sol Gil, Jesús, Palacios Márquez, Leonardo y otros, coordinadores, Asociación Venezolana de Derecho Tributario, Caracas, 2013.

- **VILLEGAS, Héctor B.**, "Curso de Finanzas, Derecho Financiero y Tributario", Quinta Edición, Ediciones Depalma, Buenos Aires, 1992.

www.ingramcontent.com/pod-product-compliance
Lightning Source LLC
Chambersburg PA
CBHW061351160726
47995CB00001B/269